老舍小说精汇

舒乙/主编

正红旗下
小型的复活

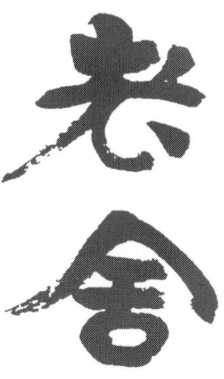

文汇出版社

图书在版编目（CIP）数据

正红旗下·小型的复活 / 老舍著．－上海：文汇出版社，2008.11

ISBN 978-7-80741-440-7

Ⅰ．正… Ⅱ．老… Ⅲ．①长篇小说－作品集－中国－现代 ②散文－作品集－中国－现代 Ⅳ．I216.2

中国版本图书馆 CIP 数据核字（2008）第 160186 号

正红旗下·小型的复活

作　　者 /	老　舍
责任编辑 /	若　晨　江　飞
装帧设计 /	灵动视线
出版发行 /	文汇出版社
	上海市威海路 755 号
	（邮政编码 200041）
经　　销 /	全国新华书店
印　　刷 /	山东新华印刷厂临沂厂
版　　次 /	2008 年 11 月第 1 版
印　　次 /	2008 年 11 月第 1 次印刷
开　　本 /	870×1092　1/32
字　　数 /	130 千
印　　张 /	5.625
书　　号 /	ISBN 978-7-80741-440-7
定　　价 /	18.00 元

老舍小传

老舍（1899.2.3—1966.8.24），我国现代文豪，小说家，戏剧作家。原名舒庆春，字舍予，满族，北京人。出身寒苦，自幼丧父，北京师范学校毕业，早年任小学校长、劝学员。1924年赴英在伦敦大学东方学院教中文，开始写作，连续在《小说月报》上发表长篇小说《老张的哲学》、《赵子曰》、《二马》，成为我国现代长篇小说奠基人之一。归国后先后在齐鲁大学、山东大学任教，同时从事写作，其间代表作有长篇小说《猫城记》、《离婚》、《骆驼祥子》，中篇小说《月牙儿》、《我这一辈子》，短篇小说《微神》、《断魂枪》等。抗日战争爆发后到武汉和重庆组织中华全国文艺界抗敌协会，对内总理会务，对外代表"文协"，创作长篇小说《四世同堂》，并对现代曲艺进行改良。1946年赴美讲学，四年后回国，主要从事话剧剧本创作，代表作有《龙须沟》、《茶馆》，荣获"人民艺术家"称号，被誉为语言大师。曾任全国文学艺术界联合会副主席、全国作家协会副主席及北京市文联主席。1966年"文革"初受严重迫害后自沉于太平湖中。有《老舍全集》十九卷。

目　录

正红旗下 …………………………………… 1

小型的复活 ………………………………… 143

自传难写 …………………………………… 151

自拟小传 …………………………………… 155

小人物自述 ………………………………… 157

正红旗下

一

假若我姑母和我大姐的婆母现在还活着,我相信她们还会时常争辩:到底在我降生的那一晚上,我的母亲是因生我而昏迷过去了呢,还是她受了煤气。

幸而这两位老太太都遵循着自然规律,到时候就被亲友们护送到坟地里去;要不然,不论我庆祝自己的花甲之喜,还是古稀大寿,我心中都不会十分平安。是呀,假若大姐婆婆的说法十分正确,我便根本不存在啊!

似乎有声明一下的必要:我生的迟了些,而大姐又出阁早了些,所以我一出世,大姐已有了婆婆,而且是一位有比金刚石还坚硬的成见的婆婆。是,她的成见是那么深,我简直地不敢叫她看见我。只要她一眼看到我,她便立刻把屋门和窗子都打开,往外散放煤气!

还要声明一下:这并不是为来个对比,贬低大姐婆婆,以便高抬我的姑母。那用不着。说真的,姑母对于我的存在与否,并不十分关心;要不然,到后来,她的烟袋锅子为什么常常敲在我的头上,便有些费解了。是呀,我长着一个脑袋,不是一块破砖头!

尽管如此,姑母可是坚持实事求是的态度,和我大姐的婆婆进行激辩。按照她的说法,我的母亲是因为生我,失血过多,而昏了过去的。据我后来调查,姑母的说法颇为正确,因为自从她中年居孀以后,就搬到我家来住,不可能不掌握些第一手的消息与资料。我的啼哭,吵得她不能安眠。那么,我一定不会是一股煤气!

我也调查清楚:自从姑母搬到我家来,虽然各过各的日子,她可是以大姑子的名义支使我的母亲给她沏茶灌水,擦桌子扫地,名正言顺,心安理得。她的确应该心安理得,我也不便给她造谣:想想看,在那年月,一位大姑子而不欺负兄弟媳妇,还怎么算作大姑子呢?

在我降生前后,母亲当然不可能照常伺候大姑子,这就难怪在我还没落草儿①,姑母便对我不大满意了。不过,不管她多么自私,我可也不能不多少地感激她:假若不是她肯和大姐婆婆力战,甚至于混战,我的生日与时辰也许会发生些混乱,其说不一了。我舍不得那个良辰吉日!

那的确是良辰吉日!就是到后来,姑母在敲了我三烟锅子之后,她也不能不稍加考虑,应否继续努力。她不能不想想,我是腊月二十三日酉时,全北京的人,包括着皇上和文武大臣,都在欢送灶王爷上天的时刻降生的呀!

在那年代,北京在没有月色的夜间,实在黑的可怕。大街上没有电灯,小胡同里也没个亮儿,人们晚间出去若不打着灯笼,就会越走越怕,越怕越慌,迷失在黑暗里,找不

---

① 即降生。落读作 lào。

着家。有时候,他们会在一个地方转来转去,一直转一夜。按照那时代的科学说法,这叫作"鬼打墙"。

可是,在我降生的那一晚上,全北京的男女,千真万确,没有一个遇上"鬼打墙"的!当然,那一晚上,在这儿或那儿,也有饿死的、冻死的,和被杀死的。但是,这都与鬼毫无关系。鬼,不管多么顽强的鬼,在那一晚上都在家里休息,不敢出来,也就无从给夜行客打一堵墙,欣赏他们来回转圈圈了。

大街上有多少卖糖瓜与关东糖①的呀!天一黑,他们便点上灯笼,把摊子或车子照得亮堂堂的。天越黑,他们吆喝的越起劲,洪亮而急切。过了定更②,大家就差不多祭完了灶王,糖还卖给谁去呢!就凭这一片卖糖的声音,那么洪亮,那么急切,胆子最大的鬼也不敢轻易出来,更甭说那些胆子不大的了——据说,鬼也有胆量很小很小的。

再听吧,从五六点钟起,已有稀疏的爆竹声。到了酉时左右(就是我降生的伟大时辰),连铺户带人家一齐放起鞭炮,不用说鬼,就连黑、黄、大、小的狗都吓得躲在屋里打哆嗦。花炮的光亮冲破了黑暗的天空,一闪一闪,能够使人看见远处的树梢儿。每家院子里都亮那么一阵:把灶王像请到院中来,燃起高香与柏枝,灶王就急忙吃点关东糖,化为灰烬,飞上天宫。

灶王爷上了天,我却落了地。这不能不叫姑母思索思索:"这小子的来历不小哇!说不定,灶王爷身旁的小童儿

---

① 糖瓜与关东糖又叫"灶糖",祭灶时的供品,用麦芽做成。
② 即初更,晚上七时至九时。

因为贪吃糖果,没来得及上天,就留在这里了呢!"这么一想,姑母对我就不能不在讨厌之中,还有那么一点点敬意!

灶王对我姑母的态度如何,我至今还没探听清楚。我可是的确知道,姑母对灶王的态度并不十分严肃。她的屋里并没有灶王龛。她只在我母亲在我们屋里给灶王与财神上了三炷香之后,才搭讪着过来,可有可无地向神像打个问心①。假若我恰巧在那里,她必狠狠地瞪我一眼;她认准了我是灶王的小童儿转世,在那儿监视她呢!

说到这里,就很难不提一提我的大姐婆婆对神佛的态度。她的气派很大。在她的堂屋里,正中是挂着黄围子的佛桌,桌上的雕花大佛龛几乎高及顶棚,里面供着红脸长髯的关公。到春节,关公面前摆着五碗②小塔似的蜜供、五碗红月饼,还有一堂干鲜果品。财神、灶王,和张仙③(就是"打出天狗去,引进子孙来"的那位神仙)的神龛都安置在两旁,倒好像她的"一家之主"不是灶王,而是关公。赶到这位老太太对丈夫或儿子示威的时候,她的气派是那么大,以至把神佛都骂在里边,毫不留情!"你们这群!"她会指着所有的神像说:"你们这群!吃着我的蜜供、鲜苹果,可不管我的事,什么东西!"

可是,姑母居然敢和这位连神佛都敢骂的老太太分庭抗

---

① 即拜一拜。心字轻读。
② 碗,供品的单位量词。旧俗,过年时,献给神佛供品的底坐,常垫以饭碗,内盛小米,与碗口齐平,并覆盖红绵纸,然后上面再摆月饼、蜜供等食品,谓之一碗。
③ 即送子之神。传说是五代时游青城山而得道的张远霄。宋代苏洵曾梦见他挟着两个弹子,以为是"诞子"之兆,便日夜供奉起来,以后果然生了苏轼和苏辙两个儿子,都成为有名的文学家。

礼，针锋相对地争辩，实在令人不能不暗伸大指！不管我怎么不喜爱姑母．当她与大姐婆婆作战的时候，我总是站在她这一边的。

经过客观的分析，我从大姐婆婆身上实在找不到一点可爱的地方。是呀，直到如今，我每一想起什么"虚张声势"、"瞎唬事"等等，也就不期然而然地想起大姐的婆婆来。我首先想起她的眼睛。那是一双何等毫无道理的眼睛啊！见到人，不管她是要表示欢迎，还是马上冲杀，她的眼总是瞪着。她大概是想用二目圆睁表达某种感情，在别人看来却空空洞洞，莫名其妙。她的两腮多肉，永远阴郁地下垂，像两个装着什么毒气的口袋似的。在咳嗽与说话的时候，她的嗓子与口腔便是一部自制的扩音机。她总以为只要声若洪钟，就必有说服力。她什么也不大懂，特别是不懂怎么过日子。可是，她会瞪眼与放炮，于是她就懂了一切。

虽然我也忘不了姑母的烟袋锅子（特别是那里面还有燃透了的兰花烟的），可是从全面看来，她就比大姐的婆婆多着一些风趣。从模样上说，姑母长得相当秀气，两腮并不像装着毒气的口袋。她的眼睛，在风平浪静的时候，黑白分明，非常的有神。不幸，有时候不知道为什么就来一阵风暴。风暴一来，她的有神的眼睛就变成有鬼，寒光四射，冷气逼人！不过，让咱们还是别老想她的眼睛吧。她爱玩梭儿胡①。每逢赢那么三两吊钱的时候，她还会低声地哼几句二黄。据说：她的丈夫，我的姑父，是一位唱戏的！在那个改

---

① 一种纸牌，"玩梭儿胡"又叫"逗梭儿胡"，后文"凑十胡"也是这个意思。

良的……哎呀,我忘了一件大事!

你看,我只顾了交待我降生的月、日、时,可忘了说是哪一年!那是有名的戊戌年啊!戊戌政变①!

说也奇怪,在那么大讲维新与改良的年月,姑母每逢听到"行头"、"拿份儿"②等等有关戏曲的名词,便立刻把话岔开。只有逢年过节,喝过两盅玫瑰露酒之后,她才透露一句:"唱戏的也不下贱啊!"尽管如此,大家可是都没听她说过:我姑父的艺名叫什么,他是唱小生还是老旦。

大家也都怀疑,我姑父是不是个旗人。假若他是旗人,他可能是位耗财买脸的京戏票友儿③。可是,玩票是出风头的事,姑母为什么不敢公开承认呢?他也许真是个职业的伶人吧?可又不大对头:那年月,尽管酝酿着革新与政变,堂堂的旗人而去以唱戏为业,不是有开除旗籍的危险么?那么,姑父是汉人?也不对呀!他要是汉人,怎么在他死后,我姑母每月去领好几份儿钱粮呢?

直到如今,我还弄不清楚这段历史。姑父是唱戏的不是,关系并不大。我总想不通:凭什么姑母,一位寡妇,而且是爱用烟锅子敲我的脑袋的寡妇,应当吃几份儿饷银呢?我的父亲是堂堂正正的旗兵,负着保卫皇城的重任,每月不过才领三两银子,里面还每每搀着两小块假的;为什么姑

---

① 即一八九八年光绪皇帝推行的资产阶级维新变法,又叫"百日维新"。
② 行头,戏曲术语,指演员扮戏时所穿戴的衣服、头盔等。行读作xíng。拿份儿,即"戏份儿",戏曲演员的工资。最早的工资按月计算,叫"包银",后来改按场次计算,即是"戏份儿"。
③ 指不是"科班"出身的、偶一扮演的业余戏曲演员,与下文"玩票"同义。

父,一位唱小生或老旦的,还可能是汉人,会立下那么大的军功,给我姑母留下几份儿钱粮呢?看起来呀,这必定在什么地方有些错误!

不管是皇上的,还是别人的错儿吧,反正姑母的日子过得怪舒服。她收入的多,开销的少——白住我们的房子,又有弟媳妇作义务女仆。她是我们小胡同里的"财主"。

恐怕呀,这就是她敢跟大姐的婆婆顶嘴抬杠的重要原因之一。大姐的婆婆口口声声地说:父亲是子爵,丈夫是佐领,儿子是骁骑校①。这都不假;可是,她的箱子底儿上并没有什么沉重的东西。有她的胖脸为证,她爱吃。这并不是说,她有钱才要吃好的。不!没钱,她会以子爵女儿、佐领太太的名义去赊。她不但自己爱赊,而且颇看不起不敢赊,不喜欢赊的亲友。虽然没有明说,她大概可是这么想:不赊东西,白作旗人!

我说她"爱"吃,而没说她"讲究"吃。她只爱吃鸡鸭鱼肉,而不会欣赏什么山珍海味。不过,她可也有讲究的一面:到十冬腊月,她要买两条丰台暖洞子②生产的碧绿的、尖上还带着一点黄花的王瓜,摆在关公面前;到春夏之交,她要买些用小蒲包装着的,头一批成熟的十三陵大樱桃,陈列在供桌上。这些,可只是为显示她的气派与排场。当她真想吃的时候,她会买些冒充樱桃的"山豆子",大把大把地

---

① 子爵,古代五等爵公、侯、伯、子、男的第四等。清代子爵又分一二三等,是比较小的世袭爵位。佐领,八旗兵制,以三百人为一"牛录"(后增至四百人)。统领"牛录"的军官,满语叫做"牛录额真",汉译"佐领",是地位比较低的武官。骁骑校,"佐领"下面的小军官。

② 即温室。

往嘴里塞,既便宜又过瘾。不管怎么说吧,她经常拉下亏空,而且是债多了不愁,满不在乎。

对债主子们,她的眼瞪得特别圆,特别大;嗓音也特别洪亮,激昂慷慨地交代:

"听着!我是子爵的女儿,佐领的太太,娘家婆家都有铁杆儿庄稼!俸银俸米到时候就放下来,欠了日子欠不了钱,你着什么急呢!"

这几句豪迈有力的话语,不难令人想起二百多年前清兵入关时候的威风,因而往往足以把债主子打退四十里。不幸,有时候这些话并没有发生预期的效果,她也会瞪着眼笑那么一两下,叫债主子吓一大跳;她的笑,说实话,并不比哭更体面一些。她的刚柔相济,令人啼笑皆非。

她打扮起来的时候总使大家都感到遗憾。可是,气派与身份有关,她还非打扮不可。该穿亮纱,她万不能穿实地纱;该戴翡翠簪子,决不能戴金的。于是,她的几十套单、夹、棉、皮,纱衣服,与冬夏的各色首饰,就都循环地出入当铺,当了这件赎那件,博得当铺的好评。据看见过阎王奶奶的人说:当阎王奶奶打扮起来的时候,就和盛装的大姐婆婆相差无几。

因此,直到今天,我还摸不清她的丈夫怎么会还那么快活。在我幼年的时候,我觉得他是个很可爱的人。是,他不但快活,而且可爱!除了他也爱花钱,几乎没有任何缺点。我首先记住了他的咳嗽,一种清亮而有腔有调的咳嗽,叫人一听便能猜到他至小是四品官儿。他的衣服非常整洁,而且带着樟脑的香味,有人说这是因为刚由当铺拿出来,不知正确与否。

无论冬夏，他总提着四个鸟笼子，里面是两只红颏，两只蓝靛颏儿。他不养别的鸟，红、蓝颏儿雅俗共赏，恰合佐领的身份。只有一次，他用半年的俸禄换了一只雪白的麻雀。不幸，在白麻雀的声誉刚刚传遍九城①的大茶馆之际，也不知怎么就病故了，所以他后来即使看见一只雪白的老鸦也不再动心。

在冬天，他特别受我的欢迎：在他的怀里，至少藏着三个蝈蝈葫芦，每个都有摆在古玩铺里去的资格。我并不大注意葫芦。使我兴奋的是它们里面装着的嫩绿蝈蝈，时时轻脆地鸣叫，仿佛夏天忽然从哪里回到北京。

在我的天真的眼中，他不是来探亲家，而是和我来玩耍。他一讲起养鸟、养蝈蝈与蛐蛐的经验，便忘了时间，以至我母亲不管怎样为难，也得给他预备饭食。他也非常天真。母亲一暗示留他吃饭，他便咳嗽一阵，有腔有调，有板有眼，而后又哈哈地笑几声才说：

"亲家太太，我还真有点饿了呢！千万别麻烦，到天泰轩叫一个干炸小丸子、一卖木樨肉、一中碗酸辣汤，多加胡椒面和香菜，就行啦！就这么办吧！"

这么一办，我母亲的眼圈儿就分外湿润那么一两天！不应酬吧，怕女儿受气；应酬吧，钱在哪儿呢？那年月走亲戚，用今天的话来说，可真不简单！

亲家爹虽是武职，四品顶戴的佐领，却不大爱谈怎么带

---

① 九城，即九门，指明代永乐十八年重修的北京内城九门：正阳、崇文、宣武、安定、德胜、东直、朝阳、西直、阜城。后来人们常以"九门"、"四九城"来代指北京城内外。传遍九城，即传遍了整个儿北京城。后文"誉满九城"也是这个意思。

兵与打仗。我曾问过他是否会骑马射箭,他的回答是咳嗽了一阵,而后马上又说起养鸟的技术来。这可也的确值得说,甚至值得写一本书!看,不要说红、蓝颏儿们怎么养,怎么蹓,怎么"押",在换羽毛的季节怎么加意饲养,就是那四个鸟笼子的制造方法,也够讲半天的。不要说鸟笼子,就连笼里的小磁食罐,小磁水池,以及清除鸟粪的小竹铲,都是那么考究,谁也不敢说它们不是艺术作品!是的,他似乎已经忘了自己是个武官,而把毕生的精力都花费在如何使小罐小铲、咳嗽与发笑都含有高度的艺术性,从而随时沉醉在小刺激与小趣味里。

他还会唱呢!有的王爷会唱须生,有的贝勒①会唱《金钱豹》②,有的满族官员由票友而变为京剧名演员……。戏曲和曲艺成为满人生活中不可缺少的东西,他们不但爱去听,而且喜欢自己粉墨登场。他们也创作,大量地创作,岔曲、快书、鼓词等等。我的亲家爹也当然不甘落后。遗憾的是他没有足够的财力去组成自己的票社,以便亲友家庆祝孩子满月,或老太太的生日,去车马自备、清茶恭候地唱那么一天或一夜,耗财买脸,傲里夺尊,誉满九城。他只能加入别人组织的票社,随时去消遣消遣。他会唱几段联珠快书。他的演技并不很高,可是人缘很好,每逢献技都博得亲友们热烈喝彩。美中不足,他走票的时候,若遇上他的夫人也盛装在场,他就不由地想起阎王奶奶来,而忘了词儿。这样丢

---

① 贝勒,满语王或侯的意思,是清代的世袭爵位,地位仅次于亲王和郡王。

② 传统戏剧,演孙悟空降伏金钱豹的故事。

了脸之后，他回到家来可也不闹气，因为夫妻们大吵大闹会喊哑了他的嗓子。倒是大姐的婆婆先发制人，把日子不好过，债务越来越多，统统归罪于他爱玩票，不务正业，闹得没结没完。他一声也不出，只等到她喘气的时候，他才用口学着三弦的声音，给她弹个过门儿："登根儿哩登登"。艺术的熏陶使他在痛苦中还能够找出自慰的办法，所以他快活——不过据他的夫人说，这是没皮没脸，没羞没臊！

他们夫妇谁对谁不对，我自幼到而今一直还没有弄清楚。那么，书归正传，还说我的生日吧。

在我降生的时候，父亲正在皇城的什么角落值班。男不拜月，女不祭灶①，自古为然。姑母是寡妇，母亲与二姐也是妇女；我虽是男的，可还不堪重任。全家竟自没有人主持祭灶大典！姑母发了好几阵脾气。她在三天前就在英兰斋满汉饽饽铺买了几块真正的关东糖。所谓真正的关东糖者就是块儿小而比石头还硬，放在口中若不把门牙崩碎，就把它粘掉的那一种，不是摊子上卖的那种又泡又松，见热气就容易化了的低级货。她还买了一斤什锦南糖。这些，她都用小缸盆扣起来，放在阴凉的地方，不叫灶王爷与一切的人知道。她准备在大家祭完灶王，偷偷地拿出一部分，安安顿顿地躺在被窝里独自享受，即使粘掉一半个门牙，也没人晓得。可是，这个计划必须在祭灶之后执行，以免叫灶王看见，招致神谴。哼！全家居然没有一个男人！她的怒气不打一处来。

---

① 迷信的人认为灶王是一家之主，祭灶之礼，必须由男子祭拜，妇女不得参予；月为太阴星君，中秋拜月，也只能由妇女行之，男子不得参予，故俗谚谓之"男不拜（圆）月，女不祭灶"。

我二姐是个忠厚老实的姑娘，空有一片好心，而没有克服困难的办法。姑母越发脾气，二姐心里越慌，只含着眼泪，不住地叫："姑姑！姑姑！"

幸而大姐及时地来到。大姐是个极漂亮的小媳妇：眉清目秀，小长脸，尖尖的下颏像个白莲花瓣似的。不管是穿上大红缎子的氅衣，还是蓝布旗袍，不管是梳着两把头，还是挽着旗髻，她总是那么俏皮利落，令人心旷神怡。她的不宽的腰板总挺得很直，亭亭玉立；在请蹲安的时候，直起直落，稳重而飘洒。只有在发笑的时候，她的腰才弯下一点去，仿佛喘不过气来，笑得那么天真可怜。亲戚、朋友，没有不喜爱她的，包括着我的姑母。只有大姐的婆婆认为她既不俊美，也不伶俐，并且时常讥诮：你爸爸不过是三两银子的马甲①！

大姐婆婆的气派是那么大，讲究是那么多，对女仆的要求自然不能不极其严格。她总以为女仆都理当以身殉职，进门就累死。自从娶了儿媳妇，她干脆不再用女仆，而把一个小媳妇当作十个女仆使用。大姐的两把头往往好几天不敢拆散，就那么带着那小牌楼似的家伙睡觉。梳头需要相当长的时间，万一婆婆已经起床，大声地咳嗽着，而大姐还没梳好了头，过去请安，便是一行大罪！大姐须在天还没亮就起来，上街给婆婆去买热油条和马蹄儿烧饼。大姐年轻，贪睡。可是，出阁之后，她练会把自己惊醒。醒了，她便轻轻地开开屋门，看看天上的三星。假若还太早，她便回到炕上，穿好衣服，坐着打盹，不敢再躺下，以免睡熟了误事。

---

① 马甲，蒙马之甲，代称骑兵。

全家的饭食、活计、茶水、清洁卫生，全由大姐独自包办。她越努力，婆婆越给她添活儿，加紧训练。婆婆的手，除了往口中送饮食，不轻易动一动。手越不动，眼与嘴就越活跃，她一看见儿媳妇的影子就下好几道紧急命令。

事情真多！大姐每天都须很好地设计，忙中要有计划，以免发生混乱。出嫁了几个月之后，她的眉心出现了两条细而深的皱纹。这些委屈，她可不敢对丈夫说，怕挑起是非。回到娘家，她也不肯对母亲说，怕母亲伤心。当母亲追问的时候，她也还是笑着说：没事！真没事！奶奶放心吧！（我们管母亲叫作奶奶。）

大姐更不敢向姑母诉苦，知道姑母是爆竹脾气，一点就发火。可是，她并不拒绝姑母的小小的援助。大姐的婆婆既要求媳妇打扮得像朵鲜花似的，可又不肯给媳妇一点买胭脂，粉，梳头油等等的零钱，所以姑母一问她要钱不要，大姐就没法不低下头去，表示口袋里连一个小钱也没有。姑母是不轻易发善心的，她之所以情愿帮助大姐者是因为我们满人都尊敬姑奶奶。她自己是老姑奶奶，当然要同情小姑奶奶，以壮自己的声势。况且，大姐的要求又不很大，有几吊钱就解决问题，姑母何必不大仁大义那么一两回呢。这个，大姐婆婆似乎也看了出来，可是不便说什么；娘家人理当贴补出了嫁的女儿，女儿本是赔钱货嘛。在另一方面，姑母之所以敢和大姐婆婆分庭抗礼者，也在这里找到一些说明。

大姐这次回来，并不是因为她梦见了一条神龙或一只猛虎落在母亲怀里,希望添个将来会"出将入相"①的小弟弟。快到年节,她还没有新的绫绢花儿、胭脂宫粉,和一些杂拌儿②。这末一项,是为给她的丈夫的。大姐夫虽已成了家,并且是不会骑马的骁骑校,可是在不少方面还像个小孩子,跟他的爸爸差不多。是的,他们老爷儿俩到时候就领银子,终年都有老米吃,干嘛注意天有多么高,地有多么厚呢?生活的意义,在他们父子看来,就是每天要玩耍,玩得细致,考究,入迷。大姐丈不养靛颏儿,而英雄气概地玩鹞子和胡伯喇③,威风凛凛地去捕几只麻雀。这一程子,他玩腻了鹞子与胡伯喇,改为养鸽子。他的每只鸽子都值那么一二两银子;"满天飞元宝"是他爱说的一句豪迈的话。他收藏的几件鸽铃都是名家制作,由古玩摊子上搜集来的。

　　大姐夫需要杂拌儿。每年如是:他用各色的洋纸糊成小高脚碟,以备把杂拌儿中的糖豆子、大扁杏仁等等轻巧地放在碟上,好像是为给他自己上供。一边摆弄,一边吃;往往小纸碟还没都糊好,杂拌儿已经不见了;尽管是这样,他也得到一种快感。杂拌儿吃完,他就设计糊灯笼,好在灯节悬挂起来。糊完春灯,他便动手糊风筝。这些小事情,他都极用心地去作;一两天或好几天,他逢人必说他手下的工作,不管人家爱听不爱听。在不断的商讨中,往往得到启发,他就从新设计,以期出奇制胜,有所创造。若是别人不愿意

---

　　① "出将"和"入相"是传统戏剧舞台上的"上场门"和"下场门",这里借用"将""相",有盼成大器的意思。
　　② 各种果子做的果脯。
　　③ 胡伯喇,一种小而凶的鸟,喙长,利爪,饲养者多以其擒食麻雀为戏。北京土话,称无所事事者为"玩鹞鹰子",作者以这个细节寓刺游手好闲。

听,他便都说给我大姐,闹得大姐脑子里尽是春灯与风筝,以至耽误了正事,招得婆婆鸣炮一百零八响!

他们玩耍,花钱,可就苦了我的大姐。在家庭经济不景气的时候,他们不能不吵嘴,以资消遣。十之八九,吵到下不来台的时候,就归罪于我的大姐,一致进行讨伐。大姐夫虽然对大姐还不错,可是在混战之中也不敢不骂她。好嘛,什么都可以忍受,可就是不能叫老人们骂他怕老婆。因此,一来二去,大姐增添了一种本事:她能够在炮火连天之际,似乎听到一些声响,又似乎什么也没听见。似乎是她给自己的耳朵安上了避雷针。可怜的大姐!

大姐来到,立刻了解了一切。她马上派二姐去请"姥姥",也就是收生婆。并且告诉二姐,顺脚儿去通知婆家:她可能回去的晚一些。大姐婆家离我家不远,只有一里多地。二姐飞奔而去。

姑母有了笑容,递给大姐几张老裕成钱铺特为年节给赏与压岁钱用的、上边印着刘海戏金蟾的、崭新的红票子,每张实兑大钱两吊。同时,她把弟妇生娃娃的一切全交给大姐办理,倘若发生任何事故,她概不负责。

二姐跑到大姐婆家的时候,大姐的公公正和儿子在院里放花炮。今年,他们负债超过了往年的最高纪录。腊月二十三过小年,他们理应想一想怎么还债,怎么节省开支,省得在年根底下叫债主子们把门环子敲碎。没有,他们没有那么想。大姐婆婆不知由哪里找到一点钱,买了头号的大糖瓜,带芝麻的和不带芝麻的,摆在灶王面前,并且瞪着眼下命令:"吃了我的糖,到天上多说几句好话,别不三不四地顺口开河,瞎扯!"两位男人呢,也不知由哪里弄来一点钱,都买了鞭炮。老爷儿俩都脱了长袍。老头儿换上一件旧狐皮马褂，不系钮扣，而用一条旧布褡包松拢着，十分潇洒。大姐夫呢，年轻火力壮，只穿着小棉袄，直打喷嚏，而连说不冷。鞭声先起，清脆紧张，一会儿便火花急溅，响成一片。儿子放单响的麻雷子，父亲放双响的二踢脚，间隔停匀，有板有眼：噼啪噼啪，咚；噼啪噼啪，咚——当！这样放完一阵，父子相视微笑，都觉得放炮的技巧九城第一，理应得到四邻的热情夸赞。

不管二姐说什么，中间都夹着麻雷子与二踢脚的巨响。于是，大姐的婆婆仿佛听见了：亲家母受了煤气。"是嘛！"她以压倒鞭炮的声音告诉二姐："你们穷人总是不懂得怎么留神，大概其喜欢中煤毒！"她把"大概"总说成"大概其"，有个"其"字，显着多些文采。说完，她就去换衣裳，要亲自出马，去抢救亲家母的性命，大仁大义。佐领与骁骑校根本没注意二姐说了什么，专心一志地继续放爆竹。即使听明白了二姐的报告，他们也不能一心二用，去考虑爆竹以外的问题。

我生下来，母亲昏了过去。大姐的婆母躲在我姑母屋里，二目圆睁，两腮的毒气肉袋一动一动地述说解救中煤毒的最有效的偏方。姑母老练地点起兰花烟，把老玉烟袋嘴儿斜放在嘴角，眉毛挑起多高，准备挑战。

"偏方治大病！"大姐的婆婆引经据典地说。

"生娃娃用不着偏方！"姑母开始进攻。

"那也看谁生娃娃！"大姐婆婆心中暗喜已到人马列开的时机。

"谁生娃娃也不用解煤气的偏方！"姑母从嘴角撤出乌

夏葆元　林旭东　插图

木长烟袋,用烟锅子指着客人的鼻子。

"老姑奶奶!"大姐婆婆故意称呼对方一句,先礼后兵,以便进行歼灭战。"中了煤气就没法儿生娃娃!"

在这激烈舌战之际,大姐把我揣在怀里,一边为母亲的昏迷不醒而落泪,一边又为小弟弟的诞生而高兴。二姐独自立在外间屋,低声地哭起来。天很冷,若不是大姐把我揣起来,不管我的生命力有多么强,恐怕也有不小的危险。

二

姑母高了兴的时候,也格外赏脸地逗我一逗,叫我"小狗尾巴",因为,正如前面所交代的,我是生在戊戌年(狗年)的尾巴上。连她高了兴,幽默一下,都不得人心!我才不愿意当狗尾巴呢!伤了一个孩子的自尊心,即使没有罪名,也是个过错!看,直到今天,每逢路过狗尾巴胡同,我的脸还难免有点发红!

不过,我还要交代些更重要的事情,就不提狗尾巴了吧。可以这么说:我只赶上了大清皇朝的"残灯末庙"。在这个日落西山的残景里,尽管大姐婆婆仍然常常吹嗙她是子爵的女儿、佐领的太太,可是谁也明白她是虚张声势,威风只在嘴皮子上了。是呀,连向她讨债的卖烧饼的都敢指着她的鼻子说:"吃了烧饼不还钱,怎么,还有理吗?"至于我们穷旗兵们,虽然好歹地还有点铁杆庄稼,可是已经觉得脖子上仿佛有根绳子，越勒越紧！

以我们家里说，全家的生活都仗着父亲的三两银子月饷，和春秋两季发下来的老米维持着。多亏母亲会勤俭持家，这点收入才将将使我们不至沦为乞丐。

二百多年积下的历史尘垢，使一般的旗人既忘了自谴，也忘了自励。我们创造了一种独具风格的生活方式：有钱的真讲究，没钱的穷讲究。生命就这么沉浮在有讲究的一汪死水里。是呀，以大姐的公公来说吧，他为官如何，和会不会冲锋陷阵，倒似乎都是次要的。他和他的亲友仿佛一致认为他应当食王禄，唱快书，和养四只靛颏儿。同样地，大姐丈不仅满意他的"满天飞元宝"，而且情愿随时为一只鸽子而牺牲了自己。是，不管他去办多么要紧的公事或私事，他的眼睛总看着天空，决不考虑可能撞倒一位老太太或自己的头上碰个大包。他必须看着天空。万一有那么一只掉了队的鸽子，飞的很低，东张西望，分明是十分疲乏，急于找个地方休息一下。见此光景，就是身带十万火急的军令，他也得飞跑回家，放起几只鸽子，把那只自天而降的"元宝"裹了下来。能够这样俘获一只别人家的鸽子，对大姐夫来说，实在是最大最美的享受！至于因此而引起纠纷，那，他就敢拿刀动杖，舍命不舍鸽子，吓得大姐浑身颤抖。

是，他们老爷儿俩都有聪明、能力、细心，但都用在从微不足道的事物中得到享受与刺激。他们在蛐蛐罐子、鸽铃、干炸丸子……等等上提高了文化，可是对天下大事一无所知。他们的一生像作着个细巧的，明白而又有点胡涂的梦。

妇女们极讲规矩。是呀，看看大姐吧！她在长辈面前，一站就是几个钟头，而且笑容始终不懈地摆在脸上。同时，她要眼观四路，看着每个茶碗，随时补充热茶；看着水烟袋与旱烟袋，及时地过去装烟，吹火纸捻儿。她的双手递送烟袋的姿态够多么美丽得体，她的嘴唇微动，一下儿便把火纸吹燃，有多么轻巧美观。这些，都得到老太太们（不包括她的婆婆）的赞叹，而谁也没注意她的腿经常浮肿着。在长辈面前，她不敢多说话，又不能老在那儿呆若木鸡地侍立。她须精心选择最简单而恰当的字眼，在最合适的间隙，像舞台上的锣鼓点儿似的那么准确，说那么一两小句，使老太太们高兴，从而谈得更加活跃。

  这种生活艺术在家里得到经常的实践，以备特别加工，拿到较大的场合里去。亲友家给小孩办三天、满月，给男女作四十或五十整寿，都是这种艺术的表演竞赛大会。至于婚丧大典，那就更须表演的特别精采，连笑声的高低，与请安的深浅，都要恰到好处，有板眼，有分寸。姑母和大姐的婆婆若在这种场合相遇，她们就必须出奇制胜，各显其能，用各种笔法，旁敲侧击，打败对手，传为美谈。办理婚丧大事的主妇也必须眼观六路、耳听八方，随时随地使这种可能产生严重后果的耍弄与讽刺大事化小，小事化无。同时，她还要委托几位负有重望的妇女，帮助她安排宾客们的席次，与入席的先后次序。安排得稍欠妥当，就有闹得天翻地覆的危险。她们必须知道谁是二姥姥的姑舅妹妹的干儿子的表姐，好来与谁的小姨子的公公的盟兄弟的寡嫂，作极细致的分析比较，使她们的席位各得其所，心服口服，吃个痛快。经过这样的研究，而两位客人是半斤八两，不差一厘，可怎么办呢？要不怎么，不但必须记住亲友们的生年月日，而且要记得落草儿的时辰呀！这样分量完全相同的客人，也许还是同年同月同日生的呀！可是二嫂恰好比六嫂早生了一点钟，这就解决了问题。当然，六嫂虽晚生了六十分钟，而丈夫是三品顶戴，比二嫂的丈夫高着两品，这就又须从长研究，另作安排了。是的，我大姐虽然不识一个字，她可是一本活书，记得所有的亲友的生辰八字儿。不管她的婆婆要怎样惑乱人心，我可的确知道我是戊戌年腊月二十三日酉时生的，毫不动摇，因为有大姐给我作证！

这些婚丧大典既是那么重要，亲友家办事而我们缺礼，便是大逆不道。母亲没法把送礼这笔支出打在预算中，谁知道谁什么时候死，什么时候生呢？不幸而赶上一个月里发生好几件红白事，母亲的财政表格上便有了赤字。她不能为减少赤字，而不给姑姑老姨儿们去拜寿，不给胯骨上的亲戚①吊丧或贺喜。不去给亲友们行礼等于自绝于亲友，没脸再活下去，死了也欠光荣。而且，礼到人不到还不行啊。这就须于送礼而外，还得整理鞋袜，添换头绳与绢花，甚至得作非作不可的新衣裳。这又是一笔钱。去吊祭或贺喜的时候，路近呢自然可以勉强走了去，若是路远呢，难道不得雇辆骡车么？在那文明的年月，北京的道路一致是灰沙三尺，恰似香炉。好嘛，打扮得漂漂亮亮的，而在香炉里走十里八里，到了亲友家已变成了土鬼，岂不是大笑话么？骡车可是不能白坐，这又是个问题！去行人情，岂能光拿着礼金礼品，而腰中空空如也呢。假若人家主张凑凑十胡什么的，难道可以严词拒绝么？再说，见了晚一辈或两辈的孙子们，不得给二百

---

① 比喻关系极远、极不沾边的亲戚。

钱吗?是呀,办婚丧大事的人往往倾家荡产,难道亲友不应当舍命陪君子么?

母亲最怕的是亲友家娶媳妇或聘姑娘而来约请她作娶亲太太或送亲太太。这是一种很大的荣誉:不但寡妇没有这个资格,就是属虎的或行为有什么不检之处的"全口人"① 也没有资格。只有堂堂正正,一步一个脚印的妇人才能负此重任。人家来约请,母亲没法儿拒绝。谁肯把荣誉往外推呢?可是,去作娶亲太太或送亲太太不但必须坐骡车,而且平日既无女仆,就要雇个临时的、富有经验的、干净利落的老妈子。有人搀着上车下车、出来进去,才像个娶亲太太或送亲太太呀!至于服装首饰呢,用不着说,必须格外出色,才能压得住台。母亲最恨向别人借东西,可是她又绝对没有去置办几十两银子一件的大缎子、绣边儿的氅衣,和真金的扁方、耳环,大小头簪。她只好向姑母开口。姑母有成龙配套的衣裳与首饰,可就是不愿出借!姑母在居孀之后,固然没有作娶亲或送亲太太的资格,就是在我姑父活着的时候,她也很不易得到这种荣誉。是呀,姑父到底是唱戏的不是,既没有弄清楚,谁能够冒冒失失地来邀请姑母出头露面呢?大家既不信任姑母,姑母也就不肯往外借东西,作为报复。

于是,我父亲就须亲自出马,向姑母开口。亲姐弟之间,什么话都可以说。大概父亲必是完全肯定了"唱戏的并不下贱",姑母才把带有樟脑味儿的衣服,和式样早已过了时而分量相当重的首饰拿出来。

这些非应酬不可的应酬,提高了母亲在亲友眼中的地

---

① 指丈夫子女俱全、"有福气"的妇女。口字轻读,作 ke。

位。大家都夸她会把钱花在刀刃儿上。可也正是这个刀刃儿使母亲关到钱粮发愁，关不下来更发愁。是呀，在我降生的前后，我们的铁杆儿庄稼虽然依然存在，可是逐渐有点歉收了，分量不足，成色不高。赊欠已成了一种制度。卖烧饼的、卖炭的、倒水的都在我们的，和许多人家的门垛子上画上白道道，五道儿一组，颇像鸡爪子。我们先吃先用，钱粮到手，按照鸡爪子多少还钱。母亲是会过日子的人，她只许卖烧饼的、卖炭的、倒水的在我们门外画白道道，而绝对不许和卖酥糖的，卖糖葫芦的等等发生鸡爪子关系。姑母白吃我们的水，随便拿我们的炭，而根本不吃烧饼——她的红漆盒子里老储存着"大八件"一级的点心。因此，每逢她看见门垛子上的鸡爪图案，就对门神爷眨眨眼，表明她对这些图案不负责任！我大姐婆家门外，这种图案最为丰富。除了我大姐没有随便赊东西的权利，其余的人是凡能赊者必赊之。大姐夫说的好：反正钱粮下来就还钱，一点不丢人！

在门外的小贩而外，母亲只和油盐店、粮店，发生赊账的关系。我们不懂吃饭馆，我们与较大的铺户，如绸缎庄、首饰楼，同仁堂老药铺等等都没有什么贸易关系。我们每月必须请几束高香，买一些茶叶末儿，香烛店与茶庄都讲现钱交易；概不赊欠。

虽然我们的赊账范围并不很大，可是这已足逐渐形成寅吃卯粮的传统。这就是说：领到饷银，便去还债。还了债，所余无几，就再去赊。假若出了意外的开销，像获得作媒亲太太之类的荣誉，得了孙子或外孙子，还债的能力当然就减少，而亏空便越来越大。因此，即使关下银子来，母亲也不能有喜无忧。

姑母经常出门：去玩牌、逛护国寺、串亲戚、到招待女宾的曲艺与戏曲票房去听清唱或彩排，非常活跃。她若是去赌钱，母亲便须等到半夜。若是忽然下了雨或雪，她和二姐还得拿着雨伞去接。母亲认为把大姑子伺候舒服了，不论自己吃多大的苦，也比把大姑子招翻了强的多。姑母闹起脾气来是变化万端，神鬼难测的。假若她本是因嫌茶凉而闹起来，闹着闹着就也许成为茶烫坏她的舌头，而且把我们的全家，包括着大黄狗，都牵扯在内，都有意要烫她的嘴，使她没法儿吃东西，饿死！这个蓄意谋杀的案件至少要闹三四天！

与姑母相反，母亲除了去参加婚丧大典，不大出门。她喜爱有条有理地在家里干活儿。她能洗能作，还会给孩子剃头，给小媳妇们铰脸——用丝线轻轻地勒去脸上的细毛儿，为是化装后，脸上显着特别光润。可是，赶巧了，父亲正去值班，而衙门放银子，母亲就须亲自去领取。我家离衙门并不很远，母亲可还是显出紧张，好像要到海南岛去似的。领了银子（越来分两越小），她就手儿在街上兑换了现钱。那时候，山西人开的烟铺、回教人开的蜡烛店，和银号钱庄一样，也兑换银两。母亲是不喜欢算计一两文钱的人，但是这点银子关系着家中的"一月大计"，所以她也既腼腆又坚决地多问几家，希望多换几百钱。有时候，在她问了两家之后，恰好银盘儿落了，她饶白跑了腿，还少换了几百钱。

拿着现钱回到家，她开始发愁。二姐赶紧给她倒上一碗茶——用小沙壶沏的茶叶末儿，老放在炉口旁边保暖，茶汁很浓，有时候也有点香味。二姐可不敢说话，怕搅乱了母亲的思路。她轻轻地出去，到门外去数墙垛上的鸡爪图案，详细地记住，以备作母亲制造预算的参考材料。母亲喝了茶，脱了刚才上街穿的袍罩，盘腿坐在炕上。她抓些铜钱当算盘用，大点儿的代表一吊，小点的代表一百。她先核计该还多少债，口中念念有词，手里掂动着几个铜钱，而后摆在左方。左方摆好，一看右方（过日子的钱）太少，就又轻轻地从左方撤下几个钱，心想：对油盐店多说几句好话，也许可以少还几个。想着想着，她的手心上就出了汗，很快地又把撤下的钱补还原位。不，她不喜欢低三下四地向债主求情；还！还清！剩多剩少，就是一个不剩，也比叫掌柜的或大徒弟高声申斥好的多。是呀，在太平天国、英法联军、甲午海战等等风波之后，不但高鼻子的洋人越来越狂妄，看不起皇帝与旗兵，连油盐店的山东人和钱铺的山西人也对旗籍主顾们越来越不客气了。他们竟敢瞪着包子大的眼睛挖苦、笑骂吃了东西不还钱的旗人，而且威胁从此不再记账，连块冻豆腐都须现钱交易！母亲虽然不知道国事与天下事，可是深刻地了解这种变化。即使她和我的父亲商议，他——负有保卫皇城重大责任的旗兵，也只会惨笑一下，低声地说：先还债吧！

左方的钱码比右方的多着许多！母亲的鬓角也有了汗珠！她坐着发愣，左右为难。最后，二姐搭讪着说了话："奶奶！还钱吧，心里舒服！这个月，头绳、锭儿粉、梳头油，咱们都不用买！咱们娘儿俩多给灶王爷磕几个头，告诉他老人家：以后只给他上一炷香，省点香火！"

母亲叹了口气："唉！叫灶王爷受委屈，于心不忍哪！"

"咱们也苦着点，灶王爷不是就不会挑眼了吗？"二姐提出具体的意见："咱们多端点豆汁儿，少吃点硬的；多吃点小葱拌豆腐，少吃点炒菜，不就能省下不少吗？"

"二妞，你是个明白孩子！"母亲在愁苦之中得到一点儿安慰。"好吧，咱们多勒勒裤腰带吧！你去，还是我去？"

"您歇歇吧，我去！"

母亲就把铜钱和钱票一组一组地分清楚，交给二姐，并且嘱咐了又嘱咐："还给他们，马上就回来！你虽然还梳着辫子，可也不小啦！见着便宜坊①的老王掌柜，不准他再拉你的骆驼；告诉他：你是大姑娘啦！"

"嗐，老王掌柜快七十岁了，叫他拉拉也不要紧！"二姐笑着，紧紧握着那些钱，走了出去。所谓拉骆驼者，就是年岁大的人用中指与食指夹一夹孩子的鼻子，表示亲热。

二姐走后，母亲呆呆地看着炕上那一小堆儿钱，不知道怎么花用，才能对付过这一个月去。以她的洗作本领和不怕劳苦的习惯，她常常想去向便宜坊老王掌柜那样的老朋友们说说，给她一点活计，得些收入，就不必一定非喝豆汁儿不可了。二姐也这么想，而且她已经学的很不错：下至衲鞋底袜底，上至扎花儿、钉钮绊儿，都拿得起来。二姐还以为拉过她的骆驼的那些人，像王老掌柜与羊肉床子上的金四把②叔叔，虽然是汉人与回族人，可是在感情上已然都不分彼此，给他们洗洗作作，并不见得降低了自己的身份。况且，大姐曾偷偷地告诉过她：金四把叔叔送给了大姐的公公两只

---

① 北京的一家卖熟肉和生猪肉的铺子，后成为著名的烤鸭店。便读作 biàn。

② 羊肉床子，即羊肉铺。把，即"爷"，在回民中，这样称呼有年纪的人，显着亲切尊敬（与称"爷爷"为"把把"不同）。如常七把即常七爷，金四把即金四爷。

大绵羊，就居然补上了缺，每月领四两银子的钱粮。二姐听了，感到十分惊异：金四叔？他是回族人哪！大姐说：是呀！千万别喧嚷出去呀！叫上边知道了，我公公准得丢官罢职！二姐没敢去宣传，大姐的公公于是也就没有丢官罢职。有这个故事在二姐心里，她就越觉得大伙儿都是一家人，谁都可以给谁干点活儿，不必问谁是旗人，谁是汉人或回族人。她并且这么推论：既是送绵羊可以得钱粮，若是赠送骆驼，说不定还能作王爷呢！到后来，我懂了点事的时候，我觉得二姐的想法十分合乎逻辑。

可是，姑母绝对不许母亲与二姐那么办。她不反对老王掌柜与金四把，她跟他们，比起我们来，有更多的来往：在她招待客人的时候，她叫得起便宜坊的苏式盒子；在过阴天①的时候，可以定买金四把的头号大羊肚子或是烧羊脖子。我们没有这种气派与财力。她的大道理是：妇女卖苦力给人家作活、洗衣裳，是最不体面的事！"你们要是那么干，还跟三河县的老妈子有什么分别呢？"母亲明知三河县的老妈子是出于饥寒所迫，才进城来找点事作，并非天生来的就是老妈子，像皇上的女儿必是公主那样。但是，她不敢对大姑子这么说，只笑了笑，就不再提起。

在关饷发愁之际，母亲若是已经知道，东家的姑娘过两天出阁，西家的老姨娶儿媳妇，她就不知须喝多少沙壶热茶。她不饿，只觉得口中发燥。除了对姑母说话，她的脸上整天没个笑容！可怜的母亲！

我不知道母亲年轻时是什么样子。我是她四十岁后生的

---

① 指阴天下雨．出不了门，在家寻事消遣。

"老"儿子。但是,从我一记事儿起,直到她去世,我总以为她在二三十岁的时节,必定和我大姐同样俊秀。是,她到了五十岁左右还是那么干净体面,倒仿佛她一点苦也没受过似的。她的身量不高,可是因为举止大方,并显不出矮小。她的脸虽黄黄的,但不论是发着点光,还是暗淡一些,总是非常恬静。有这个脸色,再配上小而端正的鼻子,和很黑很亮、永不乱看的眼珠儿,谁都可以看出她有一股正气,不会有一点坏心眼儿。乍一看,她仿佛没有什么力气,及至看到她一气就洗出一大堆衣裳,就不难断定:尽管她时常发愁,可决不肯推卸责任。

是呀,在生我的第二天,虽然她是那么疲倦虚弱,嘴唇还是白的,她可还是不肯不操心。她知道:平常她对别人家的红白事向不缺礼,不管自己怎么发愁为难。现在,她得了"老"儿子,亲友怎能不来贺喜呢?大家来到,拿什么招待呢?父亲还没下班儿,正月的钱粮还没发放。向姑母求援吧,不好意思。跟二姐商议吧。一个小姑娘可有什么主意呢。看一眼身旁的瘦弱的、几乎要了她的命的"老"儿子,她无可如何地落了泪。

三

果然,第二天早上,二哥福海搀着大舅妈,声势浩大地来到。他们从哪里得到的消息,至今还是个疑问。不管怎样吧，大舅妈是非来不可的。按照那年月的规矩，姑奶奶作月子，须由娘家的人来服侍。这证明姑娘的确是赔钱货，不但出阁的时候须由娘家赔送四季衣服、金银首饰，乃至箱柜桌椅，和鸡毛掸子；而且在生儿养女的时节，娘家还须派人来服劳役。

大舅妈的身量小，咳嗽的声音可很洪亮。一到冬天，她就犯喘，咳嗽上没完。咳嗽稍停，她就拿起水烟袋咕噜一阵，预备再咳嗽。她还离我家有半里地，二姐就惊喜地告诉母亲：大舅妈来了！大舅妈来了！母亲明知娘家嫂子除了咳嗽之外，并没有任何长处，可还是微笑了一下。大嫂冒着风寒，头一个来贺喜，实在足以证明娘家人对她的重视，嫁出的女儿并不是泼出去的水。母亲的嘴唇动了动。二姐没听见什么，可是急忙跑出去迎接舅妈。

二哥福海和二姐耐心地搀着老太太，从街门到院里走了大约二十多分钟。二姐还一手搀着舅妈，一手给她捶背。因此，二姐没法儿接过二哥手里提的水烟袋、食盒（里面装着红糖与鸡蛋），和蒲包儿（内装破边的桂花"缸炉"与槽子糕)[①]。

好容易喘过一口气来，大舅妈嘟囔了两句。二哥把手中的盒子与蒲包交给了二姐，而后搀着妈妈去拜访我姑母。不管喘得怎么难过，舅妈也忘不了应当先去看谁。可是也留着神，把食品交给我二姐，省得叫我姑母给扣下。姑母并不缺

---

① 蒲包儿，旧时送礼用的点心或水果包，以香蒲编成。缸炉，北京的一种混糖糕点，高庄正六边形，数个连在一起，掰而食之。因为掰得不整齐，所以说是"破边"，炉读作 lòu。

嘴,但是看见盒子与蒲包,总觉得归她收下才合理。

大舅妈的访问纯粹是一种外交礼节,只须叫声老姐姐,而后咳嗽一阵,就可以交代过去了。姑母对大舅妈本可以似有若无地笑那么一下就行了,可是因为有二哥在旁,她不能不表示欢迎。

在亲友中,二哥福海到处受欢迎。他长得短小精悍,既壮实又秀气,既漂亮又老成。圆圆的白净子脸,双眼皮,大眼睛。他还没开口,别人就预备好听两句俏皮而颇有道理的话。及至一开口,他的眼光四射,满面春风,话的确俏皮,而不伤人;颇有道理,而不老气横秋。他的脑门以上总是青青的,像年画上胖娃娃的青头皮那么清鲜,后面梳着不松不紧的大辫子,既稳重又飘洒。他请安请得最好看:先看准了人,而后俯首急行两步,到了人家的身前,双手扶膝,前腿实,后腿虚,一趋一停,毕恭毕敬。安到话到,亲切诚挚地叫出来:"二婶儿,您好!"而后,从容收腿,挺腰敛胸,双臂垂直,两手向后稍拢,两脚并齐"打横儿"。这样的一个安,叫每个接受敬礼的老太太都哈腰儿还礼,并且暗中赞叹:我的儿子要能够这样懂得规矩,有多么好啊!

他请安好看,坐着好看,走道儿好看,骑马好看,随便给孩子们摆个金鸡独立,或骑马蹲裆式就特别好看。他是熟透了的旗人,既没忘记二百多年来的骑马射箭的锻炼,又吸收了汉族、蒙族和回族的文化。论学习,他文武双全;论文化,他是"满汉全席"。他会骑马射箭,会唱几段(只是几段）单弦牌子曲，会唱几句（只是几句）汪派的《文昭关》①，会看点风水，会批八字儿。他知道怎么养鸽子，养鸟，养骡子与金鱼。可是他既不养鸽子、鸟，也不养骡子与金鱼。他有许多正事要作，如代亲友们去看棺材，或介绍个厨师傅等等，无暇养那些小玩艺儿。大姐夫虽然自居内行，养着鸽子，或架着大鹰，可是每逢遇见福海二哥，他就甘拜下风，颇有意把他的满天飞的元宝都廉价卖出去。福海二哥也精于赌钱，牌九、押宝、抽签子、掷骰子、斗十胡、踢球、"打老打小"，他都会。但是，他不赌。只有在老太太们想玩十胡而凑不上手的时候，他才逢场作戏，陪陪她们。他既不多输，也不多赢。若是赢了几百钱，他便买些糖豆大酸枣什么的分给儿童们。

他这个熟透了的旗人其实也就是半人、甚至于是三分之一的旗人。这可与血统没有什么关系。以语言来说，他只会一点点满文，谈话，写点什么，他都运用汉语。他不会吟诗作赋，也没学过作八股或策论，可是只要一想到文艺，如编个岔曲，写副春联，他总是用汉文去思索，一回也没考虑过可否试用满文。当他看到满、汉文并用的匾额或碑碣，他总是欣赏上面的汉字的秀丽或刚劲，而对旁边的满字便只用眼角照顾一下，敬而远之。至于北京话呀，他说的是那么漂亮，以至使人认为他是这种高贵语言的创造者。即使这与历史不大相合，至少他也应该分享"京腔"创作者的一份儿荣誉。是的，他的前辈们不但把一些满文词儿收纳在汉语之中，

---

① 即汪桂芬，清光绪间与谭鑫培、孙菊仙齐名的著名京剧老生。《文昭关》，传统戏剧，演《列国演义》中伍子胥的故事。

夏葆元　林旭东　插图

而且创造了一种轻脆快当的腔调;到了他这一辈,这腔调有时候过于轻脆快当,以至有时候使外乡人听不大清楚。

可是,惊人之笔是在这里:他是个油漆匠!我的大舅是三品亮蓝顶子的参领①,而儿子居然学过油漆彩画,谁能说他不是半个旗人呢?我大姐的婚事是我大舅给作的媒人。大姐婆婆是子爵的女儿、佐领的太太,按理说她绝对不会要个旗兵的女儿作儿媳妇,不管我大姐长的怎么俊秀,手脚怎么利落。大舅的亮蓝顶子起了作用。大姐的公公不过是四品呀。在大姐结婚的那天,大舅亲自出马作送亲老爷,并且约来另一位亮蓝顶子的,和两位红顶子的,二蓝二红,都戴花翎,组成了出色的送亲队伍。而大姐的婆婆呢,本来可以约请四位红顶子的来迎亲,可是她以为我们绝对没有能力组织个强大的队伍,所以只邀来四位五品官儿,省得把我们都吓坏了。结果,我们取得了绝对压倒的优势,大快人心!受了这个打击,大姐婆婆才不能不管我母亲叫亲家太太,而姑母也乘胜追击,郑重声明:她的丈夫(可能是汉人!)也作过二品官!

大姐后来嘱咐过我,别对她婆婆说,二哥福海是拜过师的油漆匠。是的,若是当初大姐婆婆知道二哥的底细,大舅作媒能否成功便大有问题了,虽然他的失败也不见得对大姐有什么不利。

二哥有远见,所以才去学手艺。按照我们的佐领制度,

---

① 参领,八旗兵制,五"牛录"设一"甲喇",统领"甲喇"的军官,满语叫做"甲喇额真",汉译"参领",其位在"佐领"之上。亮蓝顶子,即三品官的蓝宝石或蓝色明玻璃顶戴。

旗人是没有什么自由的,不准随便离开本旗,随便出京;尽管可以去学手艺,可是难免受人家的轻视。他应该去当兵,骑马射箭,保卫大清皇朝。可是,旗族人口越来越多,而旗兵的数目是有定额的。于是,老大老二也许补上缺,吃上钱粮,而老三老四就只好赋闲。这样,一家子若有几个白丁,生活就不能不越来越困难。这种制度曾经扫南荡北,打下天下;这种制度可也逐渐使旗人失去自由,失去自信,还有多少人终身失业。

同时,吃空头钱粮的在在皆是,又使等待补缺的青年失去有缺即补的机会。我姑母,一位寡妇,不是吃着好几份儿钱粮么?

我三舅有五个儿子,都虎头虎脑的,可都没有补上缺。可是,他们住在郊外,山高皇帝远。于是这五虎将就种地的种地,学手艺的学手艺,日子过得很不错。福海二哥大概是从这里得到了启发,决定自己也去学一门手艺。二哥也看得很清楚:他的大哥已补上了缺,每月领四两银子;那么他自己能否也当上旗兵,就颇成问题。以他的聪明能力而当一辈子白丁,甚至连个老婆也娶不上,可怎么好呢?他的确有本领,骑术箭法都很出色。可是,他的本领只足以叫他去作枪手①,替崇家的小罗锅,或明家的小瘸子去箭中红心,得到钱粮。是呀,就是这么一回事:他自己有本领,而补不上缺,小罗锅与小瘸子肯花钱运动,就能通过枪手而当兵吃饷!二哥在得一双青缎靴子或几两银子的报酬而外,还看明白:怪不得英法联军直入公堂地打进北京,烧了圆明园!凭

---

① 即代人应试者。

吃几份儿饷银的寡妇、小罗锅、小瘸子，和像大姐公公那样的佐领、像大姐夫那样的骁骑校，怎么能挡得住敌兵呢！他决定去学手艺！是的，历史发展到一定的阶段，总会有人，像二哥，多看出一两步棋的。

大哥不幸一病不起，福海二哥才有机会补上了缺。于是，到该上班的时候他就去上班，没事的时候就去作点油漆活儿，两不耽误。老亲旧友们之中，有的要漆一漆寿材，有的要油饰两间屋子以备娶亲，就都来找他。他会替他们省工省料，而且活儿作得细致。

当二哥作活儿的时候，他似乎忘了他是参领的儿子，吃着钱粮的旗兵。他的工作服，他的认真的态度，和对师兄师弟的亲热，都叫他变成另一个人，一个汉人，一个工人，一个顺治与康熙所想象不到的旗人。

二哥还信白莲教[①]！他没有造反、推翻皇朝的意思，一点也没有。他只是为坚守不动烟酒的约束，而入了"理门"[②]。本来，在友人让烟让酒的时候，他拿出鼻烟壶，倒出点茶叶末颜色的闻药来，抹在鼻孔上，也就够了。大家不会强迫一位"在理儿的"破戒。可是，他偏不说自己"在理儿"，而说：我是白莲教！不错，"理门"确与白莲教有些关系，可是在一般人的心目中，"在理儿"是好事，而白莲教便有些可怕了。母亲便对他说过："老二，在理儿的不动烟酒，很好！何必老说白莲教呢，叫人怪害怕的！"二哥听了，

---

① 原为明末农民起义组织，清末的义和团运动，继承了白莲教的战斗传统，老百姓仍有时也把义和团叫做白莲教。

② 即"在理会"，又称"在家理"，旧时流行在我国北方的一种会道门。入会者禁烟酒，供奉观音像。

便爽朗地笑一阵："老太太！我这个白莲教不会造反！"母亲点点头："对！那就好！"

大姐夫可有不同的意见。在许多方面，他都敬佩二哥。可是，他觉得二哥的当油漆匠与自居为白莲教徒都不足为法。大姐夫比二哥高着一寸多。二哥若是虽矮而不显着矮，大姐夫就并不太高而显着晃晃悠悠。干什么他都慌慌张张，冒冒失失。长脸，高鼻子、大眼睛，他坐定了的时候显得很清秀体面。可是，他总坐不住，像个手脚不识闲的大孩子。一会儿，他要看书，便赶紧拿起一本《五虎平西》——他的书库里只有一套《五虎平西》①，一部《三国志演义》，四五册小唱本儿，和他幼年读过的一本《六言杂字》②。刚拿起《五虎平西》，他想起应当放鸽子，于是顺手儿把《五虎平西》放在窗台上，放起鸽子来。赶到放完鸽子，他到处找《五虎平西》，急得又嚷嚷又跺脚。及至一看它原来就在窗台上，便不去管它，而哼哼唧唧地往外走，到街上去看出殡的。

他很珍视这种想干什么就干什么的"自由"。他以为这种自由是祖宗所赐，应当传之永远，"子子孙孙永宝用"！因此，他觉得福海二哥去当匠人是失去旗人的自尊心，自称白莲教是同情叛逆。前些年，他不记得是哪一年了，白莲教不是造过反吗？

在我降生前的几个月里，我的大舅、大姐的公公和丈夫，都真着了急。他们都激烈地反对变法。大舅的理由很简单，最有说服力：祖宗定的法不许变！大姐公公说不出更好

---

① 演义小说，写宋代狄青平西故事。
② 一种极普通的六言韵文识字读本。

的道理来,只好补充了一句:要变就不行!事实上,这两位官儿都不大知道要变的是哪一些法,而只听说:一变法,旗人就须自力更生,朝廷不再发给钱粮了。

大舅已年过五十,身体也并不比大舅妈强着多少,小辫儿须续上不少假头发才勉强够尺寸,而且因为右肩年深日久地向前探着,小辫儿几乎老在肩上扛着,看起来颇欠英武。自从听说要变法,他的右肩更加突出,差不多是斜着身子走路,像个断了线的风筝似的。

大姐的公公很硬朗,腰板很直,满面红光。他每天一清早就去溜鸟儿,至少要走五六里路。习以为常,不走这么多路,他的身上就发僵,而且鸟儿也不歌唱。尽管他这么硬朗,心里海阔天空,可是听到铁杆庄稼有点动摇,也颇动心,他的咳嗽的音乐性减少了许多。他找了我大舅去。

笼子还未放下,他先问有猫没有。变法虽是大事,猫若扑伤了蓝靛颏儿,事情可也不小。

"云翁!"他听说此地无猫,把鸟笼放好,有点急切地说:"云翁!"

大舅的号叫云亭。在那年月,旗人越希望永远作旗人,子孙万代,可也越爱摹仿汉人。最初是高级知识分子,在名字而外,还要起个字雅音美的号。慢慢地,连参领佐领们也有名有号,十分风雅。到我出世的时候,连原来被称为海二哥和恩四爷的旗兵或白丁,也都什么臣或什么甫起来。是的,亭、臣、之、甫是四个最时行的字。大舅叫云亭,大姐的公公叫正臣,而大姐夫别出心裁地自称多甫,并且在自嘲的时节,管自己叫豆腐。多甫也罢,豆腐也罢,总比没有号好的多。若是人家拱手相问：您台甫①？而回答不出，岂不比豆腐更糟么？

大舅听出客人的语气急切，因而不便马上动问。他比各人高着一品，须拿出为官多年，经验丰富，从容不迫的神态来。于是，他先去看鸟，而且相当内行地夸赞了几句。直到大姐公公又叫了两声云翁，他才开始说正经话："正翁！我也有点不安！真要是自力更生，您看，您看，我五十多了，头发掉了多一半，肩膀越来越歪，可叫我干什么去呢？这不是什么变法，是要我的老命！"

"嚇！是！"正翁轻嗽了两下，几乎完全没有音乐性。"是！出那样主意的人该剐！云翁，您看我，我安分守己，自幼儿就不懂要星星，要月亮！可是，我总得穿的整整齐齐，干干净净吧？我总得炒点腰花，来个木樨肉下饭吧？我总不能不天天买点嫩羊肉，喂我的蓝靛颏儿吧？难道这些都是不应该的？应该！应该！"

"咱们哥儿们没作过一件过分的事！"

"是嘛！真要是不再发钱粮，叫我下街去卖……"正翁把手捂在耳朵上，学着小贩的吆喝，眼中含着泪，声音凄楚："赛梨哪，辣来换！我，我……"他说不下去了。

"正翁，您的身子骨儿比我结实多了。我呀，连卖半空儿多给，都受不了啊！"

"云翁！云翁！您听我说！就是给咱们每人一百亩地，自耕自种，咱们有办法没有？"

"由我这儿说，没有！甭说我拿不动锄头，就是拿得动，

---

① 问人表字时的敬辞。

我要不把大拇脚趾头锄掉了,才怪!"

老哥俩又讨论了许久,毫无办法。于是就一同到天泰轩去,要了一斤半柳泉居自制的黄酒,几个小烧(烧子盖与炸鹿尾之类),吃喝得相当满意。吃完,谁也没带着钱,于是都争取记在自己的账上,让了有半个多钟头。

可是,在我降生的时候,变法之议已经完全作罢,而且杀了几位主张变法的人。云翁与正翁这才又安下心去,常在天泰轩会面。每逢他们听到卖萝卜的"赛梨耶,辣来换"的呼声,或卖半空花生的"半空儿多给"的吆喝,他们都有点怪不好意思;作了这么多年的官儿,还是沉不住气呀!

多甫大姐夫,在变法潮浪来得正猛的时节,佩服了福海二哥,并且不大出门,老老实实地在屋中温习《六言杂字》。他非常严肃地跟大姐讨论:"福海二哥真有先见之明!我看咱们也得想个法!"

"对付吧!没有过不去的事!"大姐每逢遇到难以解决的问题,总是拿出这句名言来。

"这回呀,就怕对付不过去!"

"你有主意,就说说吧!多甫!"大姐这样称呼他,觉得十分时髦、漂亮。

"多甫?我是大豆腐!"大姐夫惨笑了几声。"现而今,当瓦匠、木匠、厨子、裱糊匠什么的,都有咱们旗人。"

"你打算……"大姐微笑地问,表示嫁鸡随鸡,嫁狗随狗,他去学什么手艺,她都不反对。

"学徒,来不及了!谁收我这么大的徒弟呢?我看哪,我就当鸽贩子去,准行!鸽子是随心草儿,不爱,白给也不要;爱,十两八两也肯花。甭多了,每月我只作那么一两号俏买卖①就够咱们俩吃几十天的!"

"那多么好啊!"大姐信心不大地鼓舞着。

大姐夫挑了两天,才狠心挑出一对紫乌头来,去作第一号生意。他并舍不得出手这一对,可是朝廷都快变法了,他还能不坚强点儿么?及至到了鸽子市上,认识他的那些贩子们一口一个多甫大爷,反倒卖给他两对鸽铃,一对凤头点子。到家细看,凤头是用胶水粘合起来的。他没敢再和大姐商议,就偷偷撤销了贩卖鸽子的决定。

变法的潮浪过去了,他把大松辫梳成小紧辫,摹仿着库兵②,横眉立目地满街走,倒仿佛那些维新派是他亲手消灭了的。同时,他对福海二哥也不再那么表示钦佩。反之,他觉得二哥是脚踩两只船,有钱粮就当兵,没有钱粮就当油漆匠,实在不能算个地道的旗人,而且难免白莲教匪的嫌疑。

书归正传:大舅妈拜访完了我的姑母,就同二哥来看我们。大舅妈问长问短,母亲有气无力地回答,老姐儿们都落了点泪。收起眼泪,大舅妈把我好赞美了一顿:多么体面哪!高鼻子,大眼睛,耳朵有多么厚实!

福海二哥笑起来:"老太太,这个小兄弟跟我小时候一样的不体面!刚生下来的娃娃都看不出模样来!你们老太太呀……"他没往下说,而又哈哈了一阵。

母亲没表示意见,只叫了声:"福海!"

"是!"二哥急忙答应,他知道母亲要说什么。"您放心,

---

① 即销路很好的生意。
② 指看管内府银钱、缎匹、颜料等库的兵丁。

全交给我啦！明天洗三①，七姥姥八姨的总得来十口八口儿的，这儿二妹妹管装烟倒茶，我跟小六儿（小六儿是谁，我至今还没弄清楚）当厨子，两杯水酒，一碟炒蚕豆，然后是羊肉酸菜热汤儿面，有味儿没味儿，吃个热乎劲儿。好不好？您哪！"

母亲点了点头。

"有爱玩小牌儿的，四吊钱一锅。您一丁点心都别操，全有我呢！完了事，您听我一笔账，决不会叫您为难！"说罢，二哥转向大舅妈："我到南城有点事，太阳偏西，我来接您。"

大舅妈表示不肯走，要在这儿陪伴着产妇。

二哥又笑了："奶奶，您算了吧！凭您这全本连台的咳嗽，谁受得了啊！"

这句话正碰在母亲的心坎上。她需要多休息、睡眠，不愿倾听大舅妈的咳嗽。

二哥走后，大舅妈不住地叨唠：这个二鬼子！这个二鬼子！

可是"二鬼子"的确有些本领，使我的洗三办得既经济，又不完全违背"老妈妈论"②的原则。

---

① 婴儿出生第三天，给他洗澡的一种仪式。
② 指陈规陋语。论读作 ling。

四

大姐既关心母亲,又愿参加小弟弟的洗三典礼。况且,一回到娘家,她便是姑奶奶,受到尊重:在大家的眼中,她是个有出息的小媳妇,既没给娘家丢了人,将来生儿养女,也能升为老太太,代替婆婆——反正婆婆有入棺材的那么一天。她渴望回家。是的,哪怕在娘家只呆半天儿呢,她的心中便觉得舒畅,甚至觉得只有现在多受些磨炼,将来才能够成仙得道,也能像姑母那样,坐在炕沿上吸两袋兰花烟。是呀,现在她还不敢吸兰花烟,可是已经学会了嚼槟榔——这大概就离吸兰花烟不太远了吧。

有这些事在她心中,她睡不踏实,起来的特别早。也没顾得看三星在哪里,她就上街去给婆婆买油条与烧饼。在那年月,粥铺是在夜里三点左右就开始炸油条,打烧饼的。据说,连上早朝的王公大臣们也经常用烧饼、油条当作早点。大姐婆婆的父亲,子爵,上朝与否,我不知道。子爵的女儿可的确继承了吃烧饼与油条的传统,并且是很早就起床,梳洗完了就要吃,吃完了发困可以再睡。于是,这个传统似乎专为折磨我的大姐。

西北风不大,可很尖锐,一会儿就把大姐的鼻尖、耳唇都吹红。她不由地说出来:"喝!干冷!"这种北京特有的干冷,往往冷得使人痛快。即使大姐心中有不少的牢骚,她也不能不痛快地这么说出来。说罢,她加紧了脚步。身上开始发热,可是她反倒打了个冷战,由心里到四肢都那么颤动了一下,很舒服,像吞下一小块冰那么舒服。她看了看天空,每颗星都是那么明亮,清凉,轻颤,使她想起孩子们的纯洁、发光的眼睛来。她笑了笑,嘟囔着:只要风别大起来,今天必是个晴美的日子!小弟弟有点来历,洗三遇上这么好的天气!想到这里,她恨不能马上到娘家去,抱一抱小弟弟!

不管她怎样想回娘家,她可也不敢向婆婆去请假。假若她大胆地去请假,她知道,婆婆必定点头,连声地说:克吧!克吧!("克"者"去"也)她是子爵的女儿,不能毫无道理地拒绝儿媳回娘家。可是,大姐知道,假若她依实地"克"了,哼,婆婆的毒气口袋就会垂到胸口上来。不,她须等待婆婆的命令。

命令始终没有下来。首先是:别说母亲只生了一个娃娃,就是生了双胞胎,只要大姐婆婆认为她是受了煤气,便必定是受了煤气,没有别的可说!第二是:虽然她的持家哲理是:放胆去赊,无须考虑怎样还债;可是,门口儿讨债的过多,究竟有伤子爵女儿、佐领太太的尊严。她心里不大痛快。于是,她喝完了粳米粥,吃罢烧饼与油条,便计划着先跟老头子闹一场。可是,佐领提前了溜鸟的时间,早已出去。老太太扑了个空,怒气增长了好几度,赶快拨转马头,要生擒骁骑校。可是,骁骑校偷了大姐的两张新红票子,很早就到街上吃了两碟子豆儿多、枣儿甜的盆糕,喝了一碗杏仁茶。老太太找不到男的官校,只好向女将挑战。她不发命令,而端坐在炕沿上叨唠:这,这哪像过日子!都得我操心吗?现成的事,摆在眼皮子前边的事,就看不见吗?没长着眼睛吗?有眼无珠吗?有珠无神吗?不用伺候我.我用不着谁来伺候!佛爷,连佛爷也不伺候吗?眼看就过年,佛桌上的五供①擦了吗?

大姐赶紧去筛炉灰,筛得很细,预备去擦五供。端着细炉灰面子,到了佛桌前,婆婆已经由神佛说到人间:啊!箱子、柜子、连三②上的铜活③就不该动动手吗?我年轻的时候,凡事用不着婆婆开口,该作什么就作什么!

大姐不敢回话。无论多么好听的话,若在此刻说出来,都会变成反抗婆婆,不服调教。可是,要是什么也不说,低着头干活儿呢,又会变成:对!拿蜡扦儿杀气,心里可咒骂老不死的,老不要脸的!那,那该五雷轰顶!

大姐含着泪,一边擦,一边想主意:要在最恰当的时机,去请教婆母怎么作这,或怎么作那。她把回娘家的念头完全放在了一边。待了一会儿,她把泪收起去,用极大的努力把笑意调动到脸上来:奶奶,您看看,我擦得还像一回事儿吗?婆婆只哼了一声,没有指示什么,原因很简单,她自己并没擦过五供。

果然是好天气,刚到九点来钟,就似乎相当暖和了。天是那么高,那么蓝,阳光是那么亮,连大树上的破老鸹窝看起来都有些画意了。俏皮的喜鹊一会儿在东,一会儿在西,喳喳地赞美着北京的冬晴。

大姐婆婆叨唠到一个阶段,来到院中,似乎是要质问太

---

① 指佛桌上的五件供器:香炉、香筒、油灯和一对烛台。
② 一种三屉两门的长桌。
③ 指家具上的铜饰,如铜环、铜锁等。

阳与青天，干什么这样晴美。可是，一出来便看见了多甫养的鸽子，于是就谴责起紫乌与黑玉翅来：养着你们干什么？就会吃！你们等着吧，一高兴，我全把你们宰了！

大姐在屋里大气不敢出。她连叹口气的权利也没有！

在我们这一方面，母亲希望大姐能来。前天晚上，她几乎死去。既然老天爷没有收回她去，她就盼望今天一家团圆，连出嫁了的女儿也在身旁。可是，她也猜到大女儿可能来不了。谁叫人家是佐领，而自己的身分低呢！母亲不便于说什么，可是脸上没有多少笑容。

姑母似乎在半夜里就策划好：别人办喜事，自己要不发发脾气，那就会使喜事办的平平无奇，缺少波澜。到九点钟，大姐还没来，她看看太阳，觉得不甩点闲话，一定对不起这么晴朗的阳光。

"我说，"她对着太阳说，"太阳这么高了，大姑奶奶怎么还不露面？一定，一定又是那个大酸枣眼睛的老梆子不许她来！我找她去，跟她讲讲理！她要是不讲理，我把她的酸枣核儿抠出来！"

母亲着了急。叫二姐请二哥去安慰姑母："你别出声，叫二哥跟她说。"

二哥正跟小六儿往酒里对水。为省钱，他打了很少的酒，所以得设法使这一点酒取之不尽，用之不竭。二姐拉了拉他的袖子，往外指了指。他拿着酒壶出来，极亲热地走向姑母："老太太，您闻闻，有酒味没有？"

"酒嘛，怎能没酒味儿，你又憋着什么坏呢？"

"是这么回事，要是酒味儿太大，还可以再对点水！"

"你呀，老二，不怪你妈妈叫你二鬼子！"姑母无可如何地笑了。

"穷事儿穷对付,就求个一团和气!是不是?老太太!"见没把姑母惹翻,急忙接下去:"吃完饭,我准备好,要赢您四吊钱,买一斤好杂拌儿吃吃!敢来不敢?老太太!"

"好小子,我接着你的!"姑母听见要玩牌,把酸枣眼睛完全忘了。

母亲在屋里叹了口气,十分感激内侄福海。

九点多了,二哥所料到要来贺喜的七姥姥八姨们陆续来到。二姐不管是谁,见面就先请安,后倒茶,非常紧张。她的脸上红起来,鼻子上出了点汗,不说什么,只在必要的时候笑一下。因此,二哥给她起了个外号,叫"小力笨"①。

姑母催开饭,为是吃完好玩牌。二哥高声答应:"全齐喽!"

所谓"全齐喽"者,就是腌疙疸缨儿炒大蚕豆与肉皮炸辣酱都已炒好,酒也对好了水,千杯不醉。"酒席"虽然如此简单,入席的礼让却丝毫未打折扣:"您请上坐!""那可不敢当!不敢当!""您要不那么坐,别人就没法儿坐了!"直到二哥发出呼吁:"快坐吧,菜都凉啦!"大家才恭敬不如从命地坐下。酒过三巡(谁也没有丝毫醉意),菜过两味(蚕豆与肉皮酱),"宴会"进入紧张阶段——热汤面上来了。大家似乎都忘了礼让,甚至连说话也忘了,屋中好一片吞面条的响声,排山倒海,虎啸龙吟。二哥的头上冒了汗:"小六儿,照这个吃法,这点面兜不住啊!"小六儿急中生智:"多对点水!"二哥轻轻呸了一声:"呸!面又不是酒,对水

---

① 指小伙计。

不成了浆糊吗？快去！"二哥掏出钱来（这笔款，他并没向我母亲报账）："快去，到金四把那儿，能烙饼，烙五斤大饼；要是等的功夫太大，就拿些芝麻酱烧饼来，快！"（那时候的羊肉铺多数带卖烧饼、包子、并代客烙大饼。）

小六儿聪明：看出烙饼需要时间，就拿回一炉热烧饼和两屉羊肉白菜馅的包子来。风卷残云，顷刻之间包子与烧饼踪影全无。最后，轮到二哥与小六儿吃饭。可是，吃什么呢？二哥哈哈地笑了一阵，而后指示小六儿："你呀，小伙子，回家吃去吧！"我至今还弄不清小六儿是谁，可是每一想到我的洗三典礼，便觉得对不起他！至于二哥吃了没吃，我倒没怎么不放心，我深知他是有办法的人。

快到中午，天晴得更加美丽。蓝天上，这儿一条，那儿一块，飘着洁白光润的白云。西北风儿稍一用力，这些轻巧的白云便化为长长的纱带，越来越长，越薄，渐渐又变成一些似断似续的白烟，最后就不见了。小风儿吹来各种卖年货的呼声：卖供花①的、松柏枝的、年画的……一声尖锐，一声雄浑，忽远忽近，中间还夹杂着几声花炮响，和剃头师傅的"唤头"②声。全北京的人都预备过年，都在这晴光里活动着，买的买，卖的卖，着急的着急，寻死的寻死，也有乘着年前娶亲的，一路吹着唢呐，打着大鼓。只有我静静地躺在炕中间，垫着一些破棉花，不知道想些什么。

据说，冬日里我们的屋里八面透风，炕上冰凉，夜间连杯子里的残茶都会冻上。今天，有我在炕中间从容不迫地不

---

① 供品上所插的纸制或绒制的花签，如福寿字、八仙人等等。
② 沿街理发者所持的吆喝工具，铁制，形如巨镊。

知想些什么，屋中的形势起了很大的变化。屋里很暖，阳光射到炕上，照着我的小红脚丫儿。炕底下还升着一个小白铁炉子。里外的暖气合流，使人们觉得身上，特别是手背与耳唇，都有些发痒。从窗上射进的阳光里面浮动着多少极小的，发亮的游尘，像千千万万无法捉住的小行星，在我的头上飞来飞去。

这时候，在那达官贵人的晴窗下，会晒着由福建运来的水仙。他们屋里的大铜炉或地炕发出的热力，会催开案上的绿梅与红梅。他们的摆着红木炕桌，与各种古玩的小炕上，会有翠绿的蝈蝈，在阳光里展翅轻鸣。他们的廊下挂着的鸣禽，会对着太阳展展双翅，唱起成套的歌儿来。他们的厨子与仆人会拿进来内蒙的黄羊、东北的锦鸡，预备作年菜。阳光射在锦鸡的羽毛上，发出五色的闪光。

我们是最喜爱花木的，可是我们买不起梅花与水仙。我们的院里只有两株歪歪拧拧的枣树，一株在影壁后，一株在南墙根。我们也爱小动物，可是养不起画眉与靛颏儿，更没有时间养过冬的绿蝈蝈。只有几只麻雀一会儿落在枣树上，一会儿飞到窗台上，向屋中看一看。这几只麻雀也许看出来：我不是等待着梅花与水仙吐蕊，也不是等待着蝈蝈与靛颏儿鸣叫，而是在一小片阳光里，等待着洗三，接受几位穷苦旗人们的祝福。

外间屋的小铁炉上正煎着给我洗三的槐枝艾叶水。浓厚的艾香与老太太们抽的兰花烟味儿混合在一处，香暖而微带辛辣，也似乎颇为吉祥。大家都盼望"姥姥"快来，好祝福我不久就成为一个不受饥寒的伟大人物。

姑母在屋里转了一圈儿，向炕上瞟了一眼，便与二哥等组织牌局，到她的屋中鏖战。她心中是在祝福我，还是诅咒我，没人知道。

正十二点，晴美的阳光与尖溜溜的小风把白姥姥和她的满腹吉祥话儿，送进我们的屋中。这是老白姥姥，五十多岁的一位矮白胖子。她的腰背笔直，干净利落，使人一见就相信，她一天接下十个八个男女娃娃必定胜任愉快。她相当的和蔼，可自有她的威严——我们这一带的二十来岁的男女青年都不敢跟她开个小玩笑，怕她提起：别忘了谁给你洗的三！她穿得很素静大方，只在俏美的缎子"帽条儿"后面斜插着一朵明艳的红绢石榴花。

前天来接生的是小白姥姥，老白姥姥的儿媳妇。小白姥姥也干净利落，只是经验还少一些。前天晚上出的岔子，据她自己解释，并不能怨她，而应归咎于我母亲的营养不良，身子虚弱。这，她自己可不便来对我母亲说，所以老白姥姥才亲自出马来给洗三。老白姥姥现在已是名人，她从哪家出来，人们便可断定又有一位几品的世袭罔替的官儿或高贵的千金降世。那么，以她的威望而肯来给我洗三，自然是含有道歉之意。这，谁都可以看出来，所以她就不必再说什么。我母亲呢，本想说两句，可是又一想，若是惹老白姥姥不高兴而少给老儿子说几句吉祥话，也大为不利。于是，母亲也就一声没出。

姑母正抓到一手好牌，传过话来：洗三典礼可以开始，不必等她。

母亲不敢依实照办。过了一会儿，打发二姐去请姑母，而二姐带回来的话是："我说不必等我，就不必等我！"典礼这才开始。

白姥姥在炕上盘腿坐好，宽沿的大铜盆（二哥带来的）里倒上了槐枝艾叶熬成的苦水，冒着热气。参加典礼的老太太们、媳妇们，都先"添盆"，把一些铜钱放入盆中，并说着吉祥话儿。几个花生，几个红、白鸡蛋，也随着"连生贵子"等祝词放入水中。这些钱与东西，在最后，都归"姥姥"拿走。虽然没有去数，我可是知道落水的铜钱并不很多。正因如此，我们才不能不感谢白姥姥的降格相从，亲自出马，同时也足证明小白姥姥惹的祸大概并不小。

边洗边说，白姥姥把说过不知多少遍的祝词又一句不减地说出来："先洗头，作王侯；后洗腰，一辈倒比一辈高；洗洗蛋，作知县；洗洗沟，作知州！"大家听了，更加佩服白姥姥——她明知盆内的铜钱不多，而仍把吉祥话说得完完全全，不偷工减料，实在不易多得！虽然我后来既没作知县，也没作知州，我可也不能不感谢她把我的全身都洗得干干净净，可能比知县、知州更干净一些。

洗完，白姥姥又用姜片艾团灸了我的脑门和身上的各重要关节。因此，我一直到年过花甲都没闹过关节炎。她还用一块新青布，沾了些清茶，用力擦我的牙床。我就在这时节哭了起来；误投误撞，这一哭原是大吉之兆！在老妈妈们的词典中，这叫作"响盆"。有无始终坚持不哭、放弃吉利的孩子，我就不知道了。最后，白姥姥拾起一根大葱打了我三下，口中念念有词："一打聪明，二打伶俐！"这到后来也应验了，我有时候的确和大葱一样聪明。

这棵葱应当由父亲扔到房上去。就在这紧要关头，我父亲回来了。屋中的活跃是无法形容的！他一进来，大家便一齐向他道喜。他不知请了多少安，说了多少声"道谢啦！"

可是眼睛始终瞭着炕中间。我是经得起父亲的鉴定的，浑身一尘不染，满是槐枝与艾叶的苦味与香气，头发虽然不多不长，却也刚刚梳过。我的啼声也很雄壮。父亲很满意，于是把褡裢中两吊多钱也给了白姥姥。

父亲的高兴是不难想象的。母亲生过两个男娃娃，都没有养住，虽然第一个起名叫"黑妞"，还扎了耳朵眼，女贱男贵，贱者易活，可是他竟自没活许久。第二个是母亲在除夕吃饺子的时候，到门外去叫："黑小子、白小子，上炕吃饺子！"那么叫来的白小子。可是这么来历不凡的白小子也没有吃过多少回饺子便"回去"了，原因不明，而确系事实。后来，我每逢不好好地睡觉，母亲就给我讲怎么到门外叫黑小子、白小子的经过，我便赶紧蒙起头来，假装睡去，唯恐叫黑、白二小子看见！

父亲的模样，我说不上来，因为还没到我能记清楚他的模样的时候，他就逝世了。这是后话，不用在此多说。我只能说，他是个"面黄无须"的旗兵，因为在我八九岁时，我偶然发现了他出入皇城的那面腰牌，上面烫着"面黄无须"四个大字。

虽然大姐没有来，小六儿没吃上饭，和姑母既没给我"添盆"，反倒赢了好几吊钱，都是美中不足，可是整个的看来，我的洗三典礼还算过得去，既没有人挑眼，也没有喝醉了吵架的——十分感谢二哥和他的"水酒"！假若一定问我，有什么值得写入历史的事情，我倒必须再提一提便宜坊的老王掌柜。他也来了，并且送给我们一对猪蹄子。

老王掌柜是胶东人，从八九岁就来京学习收拾猪蹄与填鸭子等技术。到我洗三的时候，他已在北京过了六十年，并且一步一步地由小力笨升为大徒弟，一直升到跑外的掌柜。他从庆祝了自己的三十而立的诞辰起，就想自己去开个小肉铺，独力经营，大展经纶。可是，他仔细观察，后起的小肉铺总是时开时闭，站不住脚。就连他的东家们也把便宜坊的雅座撤销，不再附带卖酒饭与烤鸭。他注意到，老主顾们，特别是旗人，越来买肉越少，而肉案子上切肉的技术不能不有所革新——须把生肉切得片儿大而极薄极薄，像纸那么薄，以便看起来块儿不小而分量很轻，因为买主儿多半是每次只买一二百钱的（北京是以十个大钱当作一吊的，一百钱实在是一个大钱）。

老王掌柜常常用他的胶东化的京腔，激愤而缠绵地说：钱都上哪儿气（去）了？上哪儿气了！

那年月，像王掌柜这样的人，还不敢乱穿衣裳。直到他庆贺华甲之喜的时节，他才买了件缎子面的二茬儿羊皮袍，可是每逢穿出来，上面还罩上浆洗之后像铁板那么硬的土蓝布大衫。他喜爱这种土蓝布。可是，一来二去，这种布几乎找不到了。他得穿那刷刷乱响的竹布。乍一穿起这有声有色的竹布衫，连家犬带野狗都一致汪汪地向他抗议。后来，全北京的老少男女都穿起这种洋布，而且差不多把竹布衫视为便礼服，家犬、野狗才也逐渐习惯下来，不再乱叫了。

老王掌柜在提着钱口袋去要账的时候，留神观看，哼，大街上新开的铺子差不多都有个"洋"字，洋货店，洋烟店等等。就是那小杂货铺也有洋纸洋油出售，连向来带卖化妆品，而且自造鹅胰宫皂的古色古香的香烛店也陈列着洋粉、洋碱,与洋沤子①。甚至于串胡同收买破鞋烂纸的妇女们,原来吆喝"换大肥头子儿",也竟自改为"换洋取灯儿"②!

一听见"换洋取灯儿"的呼声,老王掌柜便用力敲击自己的火镰,燃起老关东烟。可是,这有什么用呢?洋缎、洋布、洋粉、洋取灯儿、洋钟、洋表、还有洋枪,像潮水一般地涌进来,绝对不是他的火镰所能挡住的。他是商人,应当见钱眼开,可是他没法去开一座洋猪肉铺,既卖熏鸡酱肉,也卖洋油洋药!他是商人,应当为东家们赚钱。若是他自己开了买卖,便须为自己赚钱。可是,钱都随着那个"洋"字流到外洋去了!他怎么办呢?

"钱都上哪儿气了?"似乎已有了答案。他放弃了独力经营肉铺,大发财源的雄心,而越来越恨那个"洋"字。尽管他的布衫是用洋针、洋线、洋布作成的,无可抗拒,可是他并不甘心屈服。他公开地说,他恨那些洋玩艺儿!及至他听到老家胶东闹了教案③,洋人与二洋人④骑住了乡亲们的脖子,他就不只恨洋玩艺儿了。

在他刚一入京的时候,对于旗人的服装打扮,规矩礼节,以及说话的腔调,他都看不惯、听不惯,甚至有些反感。他也看不上他们的逢节按令挑着样儿吃,赊着也得吃的讲究与作风,更看不上他们的提笼架鸟,飘飘欲仙地摇来晃

---

① 沤子,一种搽脸用的水粉化妆品。
② 取灯儿,火柴。
③ 教案,指十九世纪末,在外国资本主义势力侵入我国内地的情势下,我国人民掀起的反对外国教会侵略的斗争。此处是指一八九九年山东人民反对教会、教民的斗争。
④ 又叫"二毛子",是对入了"洋教"而又仗势欺人的民族败类的蔑称。

去的神气与姿态。可是,到了三十岁,他自己也玩上了百灵,而且和他们一交换养鸟的经验,就能谈半天儿,越谈越深刻,也越亲热。他们来到,他既要作揖,又要请安,结果是发明了一种半揖半安的,独具风格的敬礼。假若他们来买半斤肉,他却亲热地建议:拿只肥母鸡!看他们有点犹疑,他忙补充上:拿吧!先记上账!

赶到他有个头疼脑热,不要说提笼架鸟的男人们来看他,给他送来清瘟解毒丸,连女人们也派孩子来慰问。他不再是"小山东儿",而是王掌柜,王大哥,王叔叔。他渐渐忘了他们是旗人,变成他们的朋友。虽然在三节①要账的时候,他还是不大好对付,可是遇到谁家娶亲,或谁家办满月,他只要听到消息,便拿着点东西来致贺。"公是公,私是私",他对大家交代清楚。他似乎觉得:清朝皇上对汉人如何是另一回事,大家伙儿既谁也离不开谁,便无妨作朋友。于是,他不但随便去串门儿,跟大家谈心,而且有权拉男女小孩的"骆驼"。在谈心的时候,旗兵们告诉了他,上边怎样克扣军饷,吃空头钱粮,营私舞弊,贪污卖缺。他也说出汉人们所受的委屈,和对洋布与洋人的厌恶。彼此了解了,也就更亲热了。

拿着一对猪蹄子,他来庆祝我的洗三。二哥无论怎么让他,他也不肯进来,理由是:"年底下了,柜上忙!"二哥听到"年底下",不由地说出来:"今年家家钱紧,您……"王掌柜叹了口气:"钱紧也得要账,公是公,私是私!"说罢,

---

① 指五月初五的端阳节、八月十五的中秋节和大年三十的除夕。当此三节,债主子们多来讨账。

他便匆忙地走开。大概是因为他的身上有酱肉味儿吧,我们的大黄狗一直乖乖地把他送到便宜坊门外。

五

是的,我一辈子忘不了那件事。并不因为他是掌柜的,也不因为他送来一对猪蹄子。因为呀,他是汉人。

不错,在那年月,某些有房产的汉人宁可叫房子空着,也不肯租给满人和回民。可是,来京作生意的山东人、山西人,和一般的卖苦力吃饭的汉人,都和我们穷旗兵们谁也离不开谁,穿堂过户。某些有钱有势的满人也还看不起汉人与回民,因而对我们这样与汉人、回民来来往往也不大以为然。不管怎样吧,他们是他们,我们是我们,谁也挡不住人民互相友好。

过了我的三天,就该过年。姑母很不高兴。她要买许多东西,而母亲在月子里,不能替她去买。幸而父亲在家,她不好意思翻脸,可是眉毛拧得很紧,腮上也时时抽动那么一下。二姐注意到:火山即快爆发。她赶紧去和父亲商量。父亲决定:把她调拨给姑母,作采购专员。二姐明知这是最不好当的差事,可是无法推却。

"半斤高醋,到山西铺子去打;别心疼鞋;别到小油盐店去!听见没有?"姑母数了半天,才狠心地把钱交给小力笨兼专员。

醋刚打回来，二姐还没站稳。"还得去打香油，要小磨香油，懂吧？"姑母又颁布了旨意。

是的，姑母不喜欢一下子交出几吊钱来，一次买几样东西。她总觉得一样一样地买，每次出钱不多，便很上算。二姐是有耐心的。姑母怎么支使，她怎么办。她一点不怕麻烦，只是十分可怜她的鞋。赶到非买贵一些的东西不可了，姑母便亲自出马。她不愿把许多钱交给二姐，同时也不愿二姐知道她买那么贵的东西。她乘院里没人的时候，像偷偷溜走的小鱼似的溜出去。到街上，她看见什么都想买，而又都嫌太贵。在人群里，她挤来挤去，看看这，看看那，非常冷静，以免上当。结果，绕了两三个钟头，她什么也没买回来。直到除夕了，非买东西不可了，她才带着二姐一同出征。二姐提着筐子，筐子里放着各种小瓶小罐。这回，姑母不再冷静，在一个摊子上就买好几样东西，而且买的并不便宜。但是，她最忌讳人家说她的东西买贵了。所以二姐向母亲汇报的时候，总是把嘴放在母亲的耳朵上，而且用手把嘴遮得严严的才敢发笑。

我们的新年过得很简单。母亲还不能下地，二姐被调去作专员，一切都须由父亲操持。父亲虽是旗兵，可是已经失去二百年前的叱咤风云的气势。假若给他机会，他也会像正翁那样玩玩靛颏儿，坐坐茶馆，赊两只烧鸡，哼几句二黄或牌子曲。可是，他没有机会戴上顶子与花翎。北城外的二三十亩地早已被前人卖掉，只剩下一亩多，排列着几个坟头儿。旗下分给的住房，也早被他的先人先典后卖，换了烧鸭子吃。据说，我的曾祖母跟着一位满族大员到过云南等遥远的地方。那位大员得到多少元宝，已无可考查。我的曾祖母的任务大概是搀扶着大员的夫人上轿下轿,并给夫人装烟倒茶。在我们家里,对曾祖母的这些任务都不大提起,而只记得我们的房子是她购置的。

  是的,父亲的唯一的无忧无虑的事就是每月不必交房租,虽然在六七月下大雨的时候,他还不能不着点急——院墙都是碎砖头儿砌成的,一遇大雨便塌倒几处。他没有嗜好,既不抽烟,也不赌钱,只在过节的时候喝一两杯酒,还没有放下酒杯,他便面若重枣。他最爱花草,每到夏季必以极低的价钱买几棵姥姥不疼、舅舅不爱的五色梅。至于洋麻绳菜与草茉莉等等,则年年自生自长,甚至不用浇水,也到时候就开花。到上班的时候,他便去上班。下了班,他照直地回家。回到家中,他识字不多,所以不去读书;家中只藏着一张画匠画的《王羲之爱鹅》,也并不随时观赏,因为每到除夕才找出来挂在墙上,到了正月十九就摘下来①。他只出来进去,劈劈柴,看看五色梅,或刷一刷水缸。有人跟他说话,他很和气,低声地回答两句。没人问他什么,他便老含笑不语,整天无话可说。对人,他颇有礼貌。但在街上走的时候,他总是目不斜视,非到友人们招呼他,他不会赶上前去请安。每当母亲叫他去看看亲友,他便欣然前往。没有多大一会儿,他便打道回府。"哟!怎这么快就回来了?"我母亲问。父亲便笑那么一下,然后用布掸子啪啪地掸去鞋上的尘土。一辈子,他没和任何人打过架,吵过嘴。他比谁都

---

  ① 正月十九摘画,北京旧俗,正月十八日"开市",工人上工,商店开业,学生念书,官兵执差如常。新年期间的一应节日陈设,都应在十九日以前撤去。又,正月十九为"燕九节",灯节通常要到这个时候才收灯。所以,挂了近二十天的画《王羲之爱鹅》也要摘下来。

更老实。可是，谁也不大欺负他，他是带着腰牌的旗兵啊。

在我十来岁的时候，我总爱刨根问底地问母亲：父亲是什么样子？母亲若是高兴，便把父亲的那些特点告诉给我。我总觉得父亲是个很奇怪的旗兵。

父亲把打过我三下的那棵葱扔到房上去，非常高兴。从这时候起，一直到他把《王羲之爱鹅》找出来，挂上，他不但老笑着，而且也先开口对大伙儿说话。他几乎是见人便问：这小子该叫什么呢？

研究了再研究，直到除夕给祖先焚化纸钱的时候，才决定了我的官名叫常顺，小名叫秃子，暂缺"台甫"。

在这之外，父亲并没有去买什么年货，主要的原因是没有钱。他可是没有忽略了神佛，不但请了财神与灶王的纸像，而且请了高香、大小红烛，和五碗还没有烙熟的月饼。他也煮了些年饭，用特制的小饭缸盛好，上面摆上几颗红枣，并覆上一块柿饼儿，插上一枝松枝，枝上还悬着几个小金纸元宝，看起来颇有新年气象。他简单地说出心中的喜悦："咱们吃什么不吃什么的都不要紧，可不能委屈了神佛！神佛赏给了我一个老儿子呀！"

除夕，母亲和我很早地就昏昏睡去，似乎对过年不大感兴趣。二姐帮着姑母作年菜，姑母一边工作，一边叨唠，主要是对我不满。"早不来，晚不来，偏偏在过年的时候来捣乱，贼秃子！"每逢她骂到满宫满调的时候，父亲便过来，笑着问问："姐姐，我帮帮您吧！"

"你？"姑母打量着他，好像向来不曾相识似的。"你不想想就说话！你想想，你会干什么？"

父亲含笑想了想，而后像与佐领或参领告辞那样，倒退着走出来。

街上，祭神的花炮逐渐多起来。胡同里，每家都在剁饺子馅儿，响成一片。赶到花炮与剁饺子馅的声响汇合起来，就有如万马奔腾，狂潮怒吼。在这一片声响之上，忽然这里，忽然那里，以压倒一切的声势，讨债的人敲着门环，啪啪啪啪，像一下子就连门带门环一齐敲碎，惊心动魄，人人肉跳心惊，连最顽强的大狗也颤抖不已，不敢轻易出声。这种声音引起多少低卑的央求，或你死我活的吵闹，夹杂着妇女与孩子们的哭叫。一些既要脸面，又无办法的男人们，为躲避这种声音，便在这诸神下界、祥云缭绕的夜晚，偷偷地去到城根或城外，默默地结束了这一生。

父亲独自包着素馅的饺子。他相当紧张。除夕要包素馅饺子是我家的传统，既为供佛，也省猪肉。供佛的作品必须精巧，要个儿姣小，而且在边缘上捏出花儿来，美观而结实——把饺子煮破了是不吉祥的。他越紧张，饺子越不听话，有的形似小船，有的像小老鼠，有的不管多么用力也还张着嘴。

除了技术不高，这恐怕也与"心不在焉"有点关系。他心中惦念着大女儿。他虽自己也是寅吃卯粮，可是的确知道这个事实，因而不敢不算计每一个钱的用途，免得在三节叫债主子敲碎门环子。而正翁夫妇与多甫呢，却以为赊到如白拣，绝对不考虑怎么还债。若是有人愿意把北海的白塔赊给他们，他们也毫不迟疑地接受。他想不明白，他们有什么妙策闯过年关，也就极不放心自己的大女儿。

母亲被邻近的一阵敲门巨响惊醒。她并没有睡实在了，心中也七上八下地惦记着大女儿。可是，她打不起精神来和父亲谈论此事,只说了声:你也睡吧!

除夕守岁,彻夜不眠,是多少辈子所必遵守的老规矩。父亲对母亲的建议感到惊异。他嗯了一声,照旧包饺子,并且找了个小钱,擦干净,放在一个饺子里,以便测验谁的运气好——得到这个饺子的,若不误把小钱吞下去,便会终年顺利!他决定要守岁,叫油灯、小铁炉、佛前的香火,都通宵不断。他有了老儿子,有了指望,必须叫灯火都旺旺的,气象峥嵘,吉祥如意!他还去把大绿瓦盆搬进来,以便储存脏水,过了"破五"①再往外倒。在又包了一个像老鼠的饺子之后,他拿起皇历,看清楚财神、喜神的方位,以便明天清早出了屋门便面对着他们走。他又高兴起来,以为只要自己省吃俭用,再加上神佛的保佑,就必定会一顺百顺,四季平安!

夜半,街上的花炮更多起来,铺户开始祭神。父亲又笑了。他不大晓得云南是在东边,还是在北边,更不知道英国是紧邻着美国呢,还是离云南不远。只要听到北京有花炮咚咚地响着,他便觉得天下太平,皆大欢喜。

二姐撅着嘴进来,手上捧着两块重阳花糕,泪在眼圈儿里。她并不恼帮了姑母这么好几天,连点压岁钱也没得到。可是,接到两块由重阳放到除夕的古老的花糕,她冒了火!她刚要往地上扔,就被父亲拦住。"那不好,二妞!"父亲接过来那两块古色古香的点心,放在桌上。"二妞,别哭,别哭!那不吉祥!"二姐忍住了泪。

---

① 正月初五。旧俗,破五之内不得以生米为炊,妇女不得出门。至初六,方可互相道贺。

父亲掏出几百钱来,交给二姐:"等小李过来,买点糖豆什么的,当作杂拌吧!"他知道小李今夜必定卖到天发亮,许多买不起正规杂拌儿的孩子都在等着他。

不大会儿,小李果然过来了。二姐刚要往外走,姑母开开了屋门:"二姐,刚才,刚才我给你的……喂了狗吧!来,过来!"她塞到二姐手中一张新红钱票,然后唪的一声关上了门。二姐出去,买了些糖豆大酸枣儿,和两串冰糖葫芦。回来,先问姑母:"姑姑,您不吃一串葫芦吗?白海棠的!"姑母回答了声:"睡觉喽!明年见!"

父亲看出来,若是叫姑母这么结束了今年,大概明年的一开头准会顺利不了。他赶紧走过去,在门外吞吞吐吐地问:"姐姐!不跟我、二姐,玩会儿牌吗?"

"你们存多少钱哪?"姑母问。

"赌铁蚕豆的!"

姑母哈哈地笑起来,笑完了一阵,叱的一声,吹灭了灯!

父亲回来,低声地说:我把她招笑了,大概明天不至于闹翻了天啦!

父女二人一边儿吃着糖豆儿,一边儿闲谈。

"大年初六,得接大姐回来。"二姐说。

"对!"

"给她什么吃呢?公公婆婆挑着样儿吃,大姐可什么也吃不着!"

父亲没出声。他真愿意给大女儿弄些好吃的,可是……

"小弟弟满月,又得……"二姐也不愿往下说了。

父亲本想既节约又快乐地度过除夕,可是无论怎样也快乐不起来了。他不敢怀疑大清朝的一统江山能否亿万斯年。可是，即使大清皇帝能够永远稳坐金銮宝殿，他的儿子能够补上缺，也当上旗兵，又怎么样呢？生儿子是最大的喜事，可是也会变成最发愁的事！

"小弟弟长大了啊，"二姐口中含着个铁蚕豆，想说几句漂亮的话，叫父亲高兴起来。"至小也得来个骁骑校，五品顶戴，跟大姐夫一样！"

"那又怎么样呢？"父亲并没高兴起来。

"要不，就叫他念多多的书，去赶考，中个进士！"

"谁供给得起呢？"父亲脸上一点笑容也没有了。

"干脆，叫他去学手艺！跟福海二哥似的！"二姐自己也纳闷，今天晚上为什么想起这么多主意，或者是糖豆与铁蚕豆发生了什么作用。

"咱们旗人，但分①能够不学手艺，就不学！"

父女一直谈到早晨三点，始终没给小弟弟想出出路来。二姐把糖葫芦吃罢，一歪，便睡着了。父亲把一副缺了一张"虎头"的骨牌②找出来，独自给老儿子算命。

初一，头一个来拜年的自然是福海二哥。他刚刚磕完头，父亲就提出给我办满月的困难。二哥出了个不轻易出的主意："您拜年去的时候，就手儿辞一辞吧！"

父亲坐在炕沿上，捧着一杯茶，好大半天说不出话来。他知道，二哥出的是好主意。可是，那么办实在对不起老儿子！一个增光耀祖的儿子，怎可以没办过满月呢？

---

① 但分。极甚之辞。
② 虎头，骨牌中的一张，十一点，排列状如虎头。

"您看,就是挨家挨户去辞,也总还有拦不住的。咱们旗人喜欢这一套!"二哥笑了笑。"不过,那可就好办了。反正咱们先说了不办满月,那么,非来不可的就没话可说了;咱们清茶恭候,他们也挑不了眼!"

"那也不能清茶恭候!"父亲皱着眉头儿说。

"就是说!好歹地弄点东西吃吃,他们不能挑剔,咱们也总算给小弟弟办了满月!"

父亲连连点头,脸上有了笑容:"对!对!老二,你说的对!"倒仿佛好歹地弄点东西吃吃,就不用花一个钱似的。"二妞,拿套裤!老二,走!我也拜年去!"

"您忙什么呀?"

"早点告诉了亲友,心里踏实!"

二姐找出父亲的那条枣红缎子套裤。套裤比二姐大着两岁,可并不显着太旧,因为只在拜年与贺喜时才穿用。

初六,大姐回来了,我们并没有给她到便宜坊叫个什锦火锅或苏式盒子。母亲的眼睛总跟着大姐,仿佛既看不够她,又对不起她。大姐说出心腹话来:"奶奶,别老看着我,我不争吃什么!只要能够好好地睡睡觉,歇歇我的腿,我就念佛!"说的时候,她的嘴唇有点颤动,可不敢落泪,她不愿为倾泻自己的委屈而在娘家哭哭啼啼,冲散新春的吉祥气儿。到初九,她便回了婆家。走到一阵风刮来的时候,才落了两点泪,好归罪于沙土迷了她的眼睛。

姑母从初六起就到各处去玩牌,并且颇为顺利,赢了好几次。因此,我们的新年在物质上虽然贫乏,可是精神上颇为焕发。在元宵节晚上,她居然主动地带着二姐去看灯,并且到后门①西边的城隍庙观赏五官往外冒火的火判儿。她这几天似乎颇重视二姐,大概是因为二姐在除夕没有拒绝两块古老花糕的赏赐。那可能是一种试探,看看二姐到底是否真老实,真听话。假若二姐拒绝了,那便是表示不承认姑母在这个院子里的霸权,一定会受到惩罚。

我们屋里,连汤圆也没买一个。我们必须节约,好在我满月的那天招待拦而拦不住的亲友。

到了那天,果然来了几位贺喜的人。头一位是多甫大姐夫。他的脸瘦了一些,因为从初一到十九,他忙得几乎没法儿形容。他逛遍所有的庙会。在初二,他到财神庙借了元宝,并且确信自己十分虔诚,今年必能发点财。在白云观,他用铜钱打了桥洞里坐着的老道,并且用小棍儿敲了敲放生的老猪的脊背,看它会叫唤不会。在厂甸,他买了风筝与大串的山里红。在大钟寺,他喝了豆汁,还参加了没白没票的抓彩,得回手指甲大小的一块芝麻糖。各庙会中的练把式的、说相声的、唱竹板书的、变戏法儿的……都得到他的赏钱,被艺人们称为财神爷。只在白云观外的跑马场上,他没有一显身手,因为他既没有骏马,即使有骏马他也不会骑。他可是在入城之际,雇了一匹大黑驴,项挂铜铃,跑的相当快,博得游人的喝彩。他非常得意,乃至一失神,黑驴落荒而逃,把他留在沙土窝儿里。在十四、十五、十六,他连着三晚上去看东单西四鼓楼前的纱灯、牛角灯、冰灯、麦芽龙灯;并赶到内务府大臣的门外,去欣赏燃放花盒,把洋绉马褂上烧了个窟窿。

---

① 即地安门。元宵节张灯,旧时以东四牌楼和地安门为最盛。

他来贺喜,主要地是为向一切人等汇报游玩的心得,传播知识。他跟我母亲、二姐讲说,她们都搭不上茬儿。所以,他只好过来启发我:小弟弟,快快地长大,我带你玩去!咱们旗人,别的不行,要讲吃喝玩乐,你记住吧,天下第一!

父亲几次要问多甫,怎么闯过了年关,可是话到嘴边上又咽回去。一来二去,倒由多甫自己说出来:把房契押了出去,所以过了个肥年。父亲听了,不住地皱眉。在父亲和一般的老成持重的旗人们看来,自己必须住着自己的房子,才能根深蒂固,永远住在北京。因作官而发了点财的人呢,"吃瓦片"① 是最稳当可靠的。以正翁与多甫的收入来说,若是能够勤俭持家,早就应该有了几处小房,月月取租钱。可是,他们把房契押了出去!多甫看父亲皱眉,不能不稍加解释:您放心,没错儿,押出去房契,可不就是卖房!俸银一下来,就把它拿回来!

"那好!好!"父亲口中这么说,心中可十分怀疑他们能否再看到自己的房契。

多甫见话不投机,而且看出并没有吃一顿酒席的希望,就三晃两晃不见了。

大舅妈又犯喘,福海二哥去上班,只有大舅来坐了一会儿。大家十分恳切地留他吃饭,他坚决不肯。可是,他来贺喜到底发生了点作用。姑母看到这样清锅冷灶,早想发脾气,可是大舅以参领的身份,到她屋中拜访,她又有了笑容。大舅走后,她质问父亲:为什么不早对我说呢?三两五

---

① 指以收取房租为生的人。

两银子，我还拿得出来！这么冷冷清清的，不大像话呀！父亲只搭讪着嘻嘻了一阵，心里说：好家伙，用你的银子办满月，我的老儿子会叫你给骂化了！

这一年，春天来的较早。在我满月的前几天，北京已经刮过两三次大风。是的，北京的春风似乎不是把春天送来，而是狂暴地要把春天吹跑。在那年月，人们只知道砍树，不晓得栽树，慢慢的山成了秃山，地成了光地。从前，就连我们的小小的坟地上也有三五株柏树，可是到我父亲这一辈，这已经变为传说了。北边的秃山挡不住来自塞外的狂风，北京的城墙，虽然那么坚厚，也挡不住它。寒风，卷着黄沙，鬼哭神号地吹来，天昏地昏，日月无光。青天变成黄天，降落着黄沙。地上，含有马尿驴粪的黑土与鸡毛蒜皮一齐得意地飞向天空。半空中，黑黄上下，渐渐混合，结成一片深灰的沙雾，遮住阳光。太阳所在的地方，黄中透出红来，像凝固了的血块。

风来了，铺户外的冲天牌楼唧唧吱吱地乱响，布幌子吹碎，带来不知多少里外的马嘶牛鸣。大树把梢头低得不能再低，干枝子与干槐豆纷纷降落，树杈上的鸦巢七零八散。甬路与便道上所有的灰土似乎都飞起来，对面不见人。不能不出门的人们，像鱼在惊涛骇浪中挣扎，顺着风走的身不自主地向前飞奔；逆着风走的两腿向前，而身子后退。他们的身上、脸上落满了黑土，像刚由地下钻出来；发红的眼睛不断流出泪来，给鼻子两旁冲出两条小泥沟。

那在屋中的苦人们，觉得山墙在摇动，屋瓦被揭开，不知哪一会儿就连房带人一齐被刮到什么地方去。风从四面八方吹进来，把一点点暖气都排挤出去，水缸里白天就冻了冰。桌上、炕上，落满了腥臭的灰土，连正在熬开了的豆汁，也中间翻着白浪，而锅边上是黑黑的一圈。

一会儿，风从高空呼啸而去；一会儿，又擦着地皮袭来，击撞着院墙，呼隆呼隆地乱响，把院中的破纸与干草叶儿刮得不知上哪里去才好。一阵风过去，大家一齐吐一口气，心由高处落回原位。可是，风又来了，使人感到眩晕。天、地，连皇城的红墙与金銮宝殿似乎都在颤抖。太阳失去光芒，北京变成任凭飞沙走石横行无忌的场所。狂风怕日落，大家都盼着那不像样子的太阳及早落下去。傍晚，果然静寂下来。大树的枝条又都直起来，虽然还时时轻摆，可显着轻松高兴。院里比刚刚扫过还更干净，破纸什么的都不知去向，只偶然有那么一两片藏在墙角里。窗棂上堆着些小小的坟头儿，土极干极细。窗台上这里厚些，那里薄些，堆着一片片的浅黄色细土，像沙滩在水退之后，留下水溜的痕迹。大家心中安定了一些，都盼望明天没有一点儿风。可是，谁知道准怎么样呢！那时候，没有天气预报啊。

要不怎么说，我的福气不小呢！我满月的那一天，不但没有风，而且青天上来了北归较早的大雁。虽然是不多的几只，可是清亮的鸣声使大家都跑到院中，抬着头指指点点，并且念道着："七九河开，八九雁来"，都很兴奋。大家也附带着发现，台阶的砖缝里露出一小丛嫩绿的香蒿叶儿来。二姐马上要脱去大棉袄，被母亲喝止住："不许脱！春捂秋冻！"

正在这时候，来了一辆咯噔咯噔响的轿车，在我们的门外停住。紧跟着，一阵比雁声更清亮的笑声，由门外一直进到院中。大家都吃了一惊！

六

随着笑声,一段彩虹光芒四射,向前移动。朱红的帽结子发着光,青缎小帽发着光,帽沿上的一颗大珍珠发着光,二蓝团龙缎面的灰鼠袍子发着光,米色缎子坎肩发着光,雪青的褡包在身后放着光,粉底官靴发着光。众人把彩虹挡住,请安的请安,问候的问候,这才看清一张眉清目秀的圆胖洁白的脸,与漆黑含笑的一双眼珠,也都发着光。听不清他说了什么,虽然他的嗓音很清亮。他的话每每被他的哈哈哈与啊啊啊扰乱;雪白的牙齿一闪一闪地发着光。

光彩进了屋,走到炕前,照到我的脸上。哈哈哈,好!好!他不肯坐下,也不肯喝一口茶,白胖细润的手从怀中随便摸出一张二两的银票,放在我的身旁。他的大拇指戴着个翡翠扳指①发出柔和温润的光泽。好!好啊!哈哈哈!随着笑声,那一身光彩往外移动。不送,不送,都不送!哈哈哈!笑着,他到了街门口。笑着,他跨上车沿。鞭子轻响,车轮转动,咯噔咯噔……。笑声渐远,车出了胡同,车后留下一些飞尘。

姑母急忙跑回来,立在炕前,呆呆地看着那张银票,似乎有点不大相信自己的眼睛。大家全回来了,她出了声:

---

① 套在右手拇指上的象牙或晶玉的装饰品,原为射箭钩弓时的用具。

夏葆元　林旭东　插图

"定大爷，定大爷！他怎么会来了呢？他由哪儿听说的呢？"

大家都要说点什么，可都想不起说什么才好。我们的胡同里没来过那样体面的轿车。我们从来没有接过二两银子的"喜敬"——那时候，二两银子可以吃一桌高级的酒席！

父亲很后悔："你看，我今年怎么会忘了给他去拜年呢？怎么呢？"

"你没拜年去，他听谁说的呢？"姑母还问那个老问题。

"你放心吧，"母亲安慰父亲，"他既来了，就一定没挑了眼！定大爷是肚子里撑得开船的人！"

"他到底听谁说的呢？"姑母又追问一次。

没人能够回答姑母的问题，她就默默地回到自己屋中，心中既有点佩服我，又有点妒意。无可如何地点起兰花烟，她不住地骂贼秃子。

我的曾祖母不是跟过一位满族大员，到云南等处去过吗？那位大员不是带回数不清的元宝吗？定大爷就是这位到处拾元宝的大员的后代。

他的官印①是定禄。他有好几个号：子丰、裕斋、富臣、少甫，有时候还自称霜清老人，虽然他刚过二十岁。刚满六岁，就有三位名儒教导他，一位教满文，一位讲经史，一位教汉文诗赋。先不提宅院有多大，光说书房就有带廊子的六大间。书房外有一座精致的小假山，霜清老人高了兴便到山巅拿个大顶。山前有牡丹池与芍药池，每到春天便长起香蒿子与兔儿草，颇为茂盛；牡丹与芍药都早被"老人"揪出来，看看离开土还能开花与否。书房东头的粉壁前，种

---

① 原指官府所用之印，后以敬称人的大名。

着一片翠竹，西头儿有一株紫荆。竹与紫荆还都活着。好几位满族大员的子弟，和两三位汉族富家子弟，都来此附学。他们有的中了秀才，有的得到差事，只有霜清老人才学出众，能够唱整出的《当锏卖马》①，文武双全。他是有才华的。他喜欢写字，高兴便叫书童研一大海碗墨，供他写三尺大的福字与寿字，赏给他的同学们；若不高兴，他就半年也不动一次笔，所以他的字写得很有力量，只是偶然地缺少两笔，或多了一撇。他也很爱吟诗。灵感一来，他便写出一句，命令同学们补足其余。他没学会满文，也没学好汉文，可是自信只要一使劲，马上就都学会，于是暂且不忙着使劲。他也偶然地记住一二古文中的名句，如"落霞与孤鹜齐飞，秋水共长天一色"之类，随时引用，出口成章。兴之所至，他对什么学术、学说都感兴趣，对什么三教九流的人物都乐意交往。他自居为新式的旗人，既有文化，又宽宏大量。他甚至同情康、梁的维新的主张与办法。他的心地良善，只要有人肯叫"大爷"，他就肯赏银子。

他不知道他父亲比祖父更阔了一些，还是差了一些。他不知道他们给他留下多少财产。每月的收支，他只听管事的一句话。他不屑于问一切东西的价值，只要他爱，花多少钱也肯买。自幼儿，他就拿金银锞子与玛瑙翡翠作玩具，所以不知道它们是贵重物品。因此，不少和尚与道士都说他有仙根，海阔天空，悠然自得。他一看到别人为生活发愁着急，便以为必是心田狭隘，不善解脱。

他似乎记得，又似乎不大记得，他的祖辈有什么好处，

---

① 一出极为流行的京剧，演唱《隋唐演义》中秦叔宝的故事。

有什么缺点，和怎么拾来那些元宝。他只觉得生下来便被绸缎裹着，男女仆伺候着，完全因为他的福大量大造化大。他不能不承认自己是满人，可并不过度地以此自豪，他有时候编出一些刻薄的笑话，讥诮旗人。他渺茫地感到自己是一种史无前例的特种人物，既记得几个满洲字，又会作一两句汉文诗，而且一使劲便可以成圣成佛。他没有能够取得功名，似乎也无意花钱去捐个什么官衔，他愿意无牵无挂，像行云流水那么闲适而又忙碌。

他与我们的关系是颇有趣的。虽然我的曾祖母在他家帮过忙，我们可并不是他的家奴①。他的祖父、父亲，与我的祖父、父亲，总是那么似断似续地有点关系，又没有多大关系。一直到他当了家，这种关系还没有断绝。我们去看他，他也许接见，也许不接见，那全凭他的高兴与否。他若是一时心血来潮呢，也许来看看我们。这次他来贺喜，后来我们才探听到，原来是因为他自己得了个女娃娃，也是腊月生的，比我早一天。他非常高兴，觉得世界上只有他们夫妇才会生个女娃娃，别人不会有此本领与福气。大概是便宜坊的老王掌柜，在给定宅送账单去，走漏了消息：在祭灶那天，那个时辰，一位文曲星或扫帚星降生在一个穷旗兵家里。

是的，老王掌柜和定宅的管事的颇有交情。每逢定大爷想吃熏鸡或烤鸭，管事的总是照顾王掌柜，而王掌柜总是送去两只或三只，便在账上记下四只或六只。到年节要账的时候，即使按照三只或四只还账，王掌柜与管事的也得些好

---

① 又称包衣，指在藩邸勋门永世为奴的人。

处。老王掌柜有时候受良心的谴责，认为自己颇欠诚实，可是管事的告诉他：你想想吧，若是一节只欠你一两银子，我怎么向大爷报账呢？大爷会说：怎么，凭我的身分就欠他一两？没有的事！不还！告诉你，老掌柜，至少开十两，才像个样子！受了这点教育之后，老掌柜才不再受良心的谴责，而安心地开花账了。

定大爷看见了我，而且记住了我。是的，当我已经满了七岁，而还没有人想起我该入学读书，就多亏他又心血来潮，忽然来到我家。哈哈了几声，啊啊了几声，他把我扯到一家改良私塾里去，叫我给孔夫子与老师磕头。他替我交了第一次的学费。第二天，他派人送来一管"文章一品"，一块"君子之风"，三本小书，① 和一丈蓝布——摸不清是作书包用的呢，还是叫我作一身裤褂。

不管姑母和别人怎样重视定大爷的光临，我总觉得金四把叔叔来贺喜更有意义。

在北京，或者还有别处，受满族统治者压迫最深的是回民。以金四叔叔的身体来说，据我看，他应当起码作个武状元。他真有功夫：近距离摔跤，中距离拳打，远距离脚踢，真的，十个八个壮小伙子甭想靠近他的身子。他又多么体面，多么干净，多么利落！他的黄净子脸上没有多余的肉，而处处发着光；每逢阴天，我就爱多看看他的脸。他干净，不要说他的衣服，就连他切肉的案子都刷洗得露出木头的花纹来。到我会去买东西的时候，我总喜欢到他那里买羊肉或

---

① 文章一品，毛笔；君子之风，墨；三本小书，《三字经》、《百家姓》、《千字文》，均为儿童启蒙读物。

烧饼,他那里是那么清爽,以至使我相信假若北京都属他管,就不至于无风三尺土了。他利落,无论干什么都轻巧干脆;是呀,只要遇上他,我必要求他"举高高"。他双手托住我的两腋,叫声"起",我便一步登天,升到半空中。体验过这种使我狂喜的活动以后,别人即使津贴我几个铁蚕豆,我也不同意"举高高"!

我就不能明白:为什么皇上们那么和回民过不去!是呀,在北京的回民们只能卖卖羊肉,烙烧饼,作小买卖,至多不过是开个小清真饭馆。我问过金四叔:"四叔,您干吗不去当武状元呢?"四叔的极黑极亮的眼珠转了几下,拍拍我的头,才说:"也许,. 也许有那么一天,我会当上武状元!秃子,你看,我现在不是吃着一份钱粮吗?"

这个回答,我不大明白。跟母亲仔细研究,也久久不能得到结论。母亲说:"是呀,咱们给他请安,他也还个安,不是跟咱一样吗?可为什么……"

我也跟福海二哥研究过,二哥也很佩服金四叔,并且说:"恐怕是因为隔着教[①]吧?可是,清真古教是古教啊,跟儒、释、道一样的好啊!"

那时候,我既不懂儒、释、道都是怎么一回事,也就不懂二哥的话意。看样子,二哥反正不反对跟金四叔交朋友。

在我满月的那天,已经快到下午五点钟了,大家已经把关于定大爷的历史与特点说得没有什么可补充的了,金四叔来到。大家并没有大吃一惊,像定大爷来到时那样。假若大家觉得定大爷是自天而降,对金四把的来到却感到理当如

[①] 又叫"截着教"、俗称与"汉教"不同之"回教"。

此,非常亲切。是的,他的口中除了有时候用几个回民特有名词,几乎跟我们的话完全一样。我们特有的名词,如牛录、甲喇、格格①……他不但全懂,而且运用的极为正确。一些我们已满、汉兼用的,如"牛录"也叫作"佐领",他却偏说满语。因此,大家对他的吃上一份钱粮,都不怎么觉得奇怪。我们当然不便当面提及此事,可是他倒有时候自动地说出来,觉得很可笑,而且也必爽朗地笑那么一阵。

他送了两吊钱,并祝我长命百岁。大家让座的让座,递茶的递茶。可是,他不肯喝我们的茶。他严守教规。这就使我们更尊敬他,都觉得:尽管他吃上一份钱粮,他可还是个真正的好回回。是的,当彼此不相往来的时候,不同的规矩与习惯使彼此互相歧视。及至彼此成为朋友,严守规矩反倒受到对方的称赞。我母亲甚至建议:"四叔,我把那个有把儿的茶杯给你留起来,专为你用,不许别人动,你大概就会喝我们的茶了吧?"四叔也回答得好:"不!赶明儿我自己拿个碗来,存在这儿!"

四叔的嗓子很好,会唱几句《三娘教子》②。虽然不能上胡琴,可是大家都替他可惜:"凭这条嗓子,要是请位名师教一教,准成个大名角儿!"可是,他拜不着名师。于是只好在走在城根儿的时候,痛痛快快地喊几句。

今天,为是热闹热闹,大家恳请他消遣一段儿。

"嗐!我就会那么几句!"金四叔笑着说。可是,还没等

---

① 对清代皇族女儿的称呼。如亲王女儿称"和硕格格",贝勒女儿称"多罗格格"。

② 传统戏剧,演王春娥教子的故事。

再让,他已经唱出"小东人"① 来了。

那时候,我还不会听戏,更不会评论,无法说出金四把到底唱的怎样。可是,我至今还觉得怪得意的:我的满月吉日是受过回族朋友的庆祝的。

七

在满洲饽饽里,往往有奶油,我的先人们也许是喜欢吃牛奶、马奶,以及奶油、奶酪的。可是,到后来,在北京住过几代了,这个吃奶的习惯渐渐消失。到了我这一代,我只记得大家以杏仁茶、面茶等作早点,就连喝得起牛奶的,如大舅与大姐的公公也轻易不到牛奶铺里去。只有姑母还偶尔去喝一次,可也不过是为表示她喝得起而已。至于用牛奶喂娃娃,似乎还没听说过。

这可就苦了我。我同皇太子还是婴儿的时候大概差不多,要吃饱了才能乖乖地睡觉。我睡不安,因为吃不饱。母亲没有多少奶,而牛奶与奶粉,在那年月,又不见经传。于是,尽管我有些才华,也不能不表现在爱哭上面。我的肚子一空,就大哭起来,并没有多少眼泪。姑母管这种哭法叫作"干嚎"。她讨厌这种干嚎,并且预言我会给大家招来灾难。

为减少我的干嚎与姑母的闹气,母亲只好去买些杨村糕

---

① 《三娘教子》里一句唱词儿的头三字,即小主人之意。

干，糊住我的小嘴。因此，大姐夫后来时常嘲弄我：吃浆糊长大的孩子，大概中不了武状元！而姑母呢，每在用烟锅子敲我的时节，也嫌我的头部不够坚硬。

姑母并没有超人的智慧，她的预言不过是为讨厌我啼哭而发的。可是，稍稍留心大事的人会看出来，小孩们的饥啼是大风暴的先声。是呀，听听吧，在我干嚎的时候，天南地北有多少孩子，因为饿，因为冷，因为病，因为被卖出去，一齐在悲啼啊！

黄河不断泛滥，像从天而降，海啸山崩滚向下游，洗劫了田园，冲倒了房舍，卷走了牛羊，把千千万万老幼男女飞快地送到大海中去。在没有水患的地方，又连年干旱，农民们成片地倒下去，多少婴儿饿死在胎中。是呀，我的悲啼似乎正和黄河的狂吼，灾民的哀号，互相呼应。

同时，在北京，在天津，在各大都市，作威作福的叱喝声，胁肩谄笑的献媚声，鬻官卖爵的叫卖声，一掷千金的狂赌声，熊掌驼峰的烹调声，淫词浪语的取乐声，与监牢中的锁镣声，公堂上的鞭板夹棍声，都汇合到一处，"天堂"与地狱似乎只隔着一堵墙，狂欢与惨死相距咫尺，想象不到的荒淫和想象不到的苦痛同时并存。这时候，侵略者的炮声还隐隐在耳，瓜分中国的声浪荡漾在空中。这时候，切齿痛恨暴政与国贼的诅咒，与仇视侵略者的呼声，在农村，在乡镇，像狂潮激荡，那最纯洁善良的农民已忍无可忍，想用拳，用石头，用叉耙扫帚，杀出一条活路！

就是在我不住哭嚎的时候，我们听见了"义和拳"（后来改为义和团）这个名称。

老王掌柜的年纪越大，越爱说：得回家去看看喽！可是，最近三年，他把回家的假期都让给了年岁较轻的伙计们。他懒得动。他越想家，也越爱留在北京。北京似乎有一种使他不知如何是好的魔力。他经常说，得把老骨头埋在家乡去。可是，若是有人问他：埋在北京不好吗？他似乎也不坚决反对。

他最爱他的小儿子。在他的口中，十成（他的小儿子的名字）仿佛不是个男孩，而是一种什么标准。提到年月，他总说：在生十成的那一年，或生十成后的第三年……。讲到东西的高度，他也是说：是呀，比十成高点，或比十成矮着一尺……。附带着说，十成本来排三，但是"三成"有歉收之意，故名十成。我们谁也没见过十成，可是认识王掌柜的人，似乎也都认识十成。在大家问他接到家信没有的时候，总是问：十成来信没有？

正是夏天农忙时节，王十成忽然来到北京！王掌柜又惊又喜。喜的是儿子不但来了，而且长得筋是筋、骨是骨，身量比爸爸高出一头，虽然才二十岁。惊的是儿子既没带行李，又满身泥土，小褂上还破了好几块。他急忙带着儿子去买了一身现成的蓝布裤褂，一双青布双脸鞋，然后就手去拜访了两三家满汉家庭，巡回展览儿子。过了两天，不知十成说了些什么，王掌柜停止了巡回展览。可是，街坊四邻已经知道了消息，不断地来质问：怎么不带十成上我们家去？看不起我们呀？这使他受了感动，可也叫他有点为难，只好不作普遍拜访，而又不完全停止巡回。

已是下午，母亲正在西荫凉下洗衣裳；我正在屋中半醒半睡、半饥半饱，躺着哑裹自己的手指头；大黄狗正在枣树下东弹弹、西啃啃地捉狗蝇，王家父子来到。

"这就是十成!"王掌柜简单地介绍。

母亲让他们到屋里坐,他们不肯,只好在院里说话儿。在夏天,我们的院里确比屋里体面:两棵枣树不管结枣与否,反正有些绿叶。顺着墙根的几棵自生自长的草茉莉,今年特别茂盛。因为给我添购糕干,父亲今年只买了一棵五色梅,可是开花颇卖力气。天空飞着些小燕,院内还偶尔来一两只红的或黄的蜻蜓。房上有几丛兔儿草,虽然不利于屋顶,可是葱绿可喜。总起来说,我们院中颇不乏生趣。

虽然天气已相当的热,王掌柜可讲规矩,还穿着通天扯地的灰布大衫。十成的新裤褂呢,裤子太长,褂子太短,可是一致地发出热辣辣的蓝靛味儿。母亲给了王掌柜一个小板凳,他坐下,不错眼珠地看着十成。十成说"有功夫",无论怎么让,也不肯坐下。

母亲是受过娘家与婆家的排练的,尽管不喜多嘴多舌,可是来了亲友,她总有适当的一套话语,酬应得自然而得体。是呀,放在平日,她会有用之不竭的言词,和王掌柜专讨论天气。今天,也不知怎么,她找不到话说。她看看王掌柜,王掌柜的眼总盯着十成的脸上与身上,似乎这小伙子有什么使他不放心的地方。十成呢,像棵结实的小松树似的,立在那里,生了根,只有两只大手似乎没有地方安置,一会儿抬起来,一会儿落下去。他的五官很正,眼珠与脑门都发着光,可是严严地闭着嘴,决定能不开口就不开口。母亲不知如何是好,连天气专题也忘了。愣了一会儿,十成忽然蹲下去,用手托住双腮,仿佛思索着什么极重大的问题。

正在这时候,福海二哥来了。大黄狗马上活跃起来,蹦蹦跳跳地跑前跑后,直到母亲说了声:"大黄,安顿点!"大黄才回到原位去继续捉狗蝇。

二哥坐下，十成立了起来，闭得紧紧的嘴张开，似笑不笑地叫了声"二哥"。

二哥拿着把黑面、棕竹骨的扇子，扇动了半天才说："十成我想过了，还是算了吧！"

"算了？"十成看了看父亲，看了看二哥。"算了？"他用力咽了口唾沫。"那是你说！"

母亲不晓得什么时候十成认识了福海，也听不懂他们说的是什么，只好去给他们沏茶。

王掌柜一边思索着一边说，所以说的很慢："十成，我连洋布大衫都看不上，更甭说洋人、洋教了！可是……"

"爹！"十成在新裤子上擦了擦手心上的汗："爹！你多年不在乡下，你不知道我们受的是什么！大毛子听二毛子的撺掇，官儿又听大毛子的旨意，一个老百姓还不如这条狗！"十成指了指大黄。"我顶恨二毛子，他们忘了本！"

王掌柜和二哥都好一会儿没说出话来。

"也，也有没忘本的呀！"二哥笑着说，笑的很欠自然。

"忘了本的才是大毛子的亲人！"十成的眼对准了二哥的，二哥赶紧假装地去看枣树叶上的一个"花布手巾"[①]

王掌柜仍然很慢地说："你已经……可是没……！"

二哥赶快补上："得啦，小伙子！"

十成的眼又对准了二哥的："别叫我小伙子，我一点也不小！我练了拳，练了刀，还要练善避刀枪！什么我也不

[①] 又叫"花大姐儿"，即天牛，一种色黑、长须、背有星点的鞘翅目昆虫。

83

怕！不怕！"

"可是，你没打胜！"二哥冷笑了一下。"不管你怎么理直气壮，官兵总帮助毛子们打你！你已经吃了亏！"

王掌柜接过话去："对！就是这么一笔账！"

"我就不服这笔账，不认这笔账！败了，败了再打！"十成说完，把嘴闭得特别严，腮上轻动，大概是咬牙呢。

"十成！"王掌柜耐心地说："十成，听我说！先在这儿住下吧！先看一看，看明白了再走下一步棋，不好吗？我年纪这么大啦，有你在跟前……"

"对！十成！你父亲说的对！"二哥心里佩服十成，而口中不便说造反的话；他是旗兵啊。

十成又蹲下了，一声不再出。

二哥把扇子打开，又并上，并上又打开，发出轻脆的响声。他心里很乱。有意无意地他又问了句："十成，你们有多少人哪？"

"多了！多了！有骨头的……"他狠狠地看了二哥一眼。"在山东不行啊，我们到直隶来，一直地进北京！"

王掌柜猛地立起来，几乎是喊着："不许这么说！"

母亲拿来茶。可是十成没说什么，立起来，往外就走。母亲端着茶壶，愣在那里。

"您忙去吧，我来倒茶！"二哥接过茶具，把母亲支开，同时又让王掌柜坐下。刚才，他被十成的正气给压得几乎找不出话说；现在，只剩下了王掌柜，他的话又多起来："王掌柜，先喝碗！别着急！我会帮助您留下十成！"

"他，他在这儿，行吗？"王掌柜问。

"他既不是强盗，又不是杀人凶犯！山东闹义和团，我

夏葆元　林旭东　插图

早就听说了！我也听说，上边决不许老百姓乱动！十成既跑到这儿来，就别叫他再回去。在这儿，有咱们开导他，他老老实实，别人也不会刨根问底！"二哥一气说完，又恢复了平日的诸葛亮气度。

"叫他老老实实？"王掌柜惨笑了一下。"他说的有理，咱们劝不住他！"

二哥又低下头去。的确，十成说的有理！"嗐！老王掌柜，我要光是个油漆匠，不也是旗兵啊，我也……"

王掌柜也叹了口气，慢慢地走出去。

母亲过来问二哥："老二，都是怎么一回事啊？十成惹了什么祸？"

"没有！没有！"二哥的脸上红了些，他有时候很调皮，可是不爱扯谎。"没事！您放心吧！"

"我看是有点事！你可得多帮帮王掌柜呀！"

"一定！"

这时候，姑母带着"小力笨"从西庙回来。姑母心疼钱，又不好意思白跑一趟，所以只买了一包刷牙用的胡盐。

"怎么样啊？老二！"姑母笑着问。

按照规律，二哥总会回答："听您的吧，老太太！"可是，今天他打不起精神凑凑十胡什么的。十成的样子、话语还在他的心中，使他不安、惭愧，不知如何是好。"老太太，我还有点事！"他笑着回答。然后又敷衍了几句，用扇子打了大腿一下："我还真该走啦！"便走了出去。

出了街门，他放慢了脚步。他须好好地思索思索。对世界形势，他和当日的王爷们一样，不大知道。他只知道外国很厉害。可是，不管外国怎么厉害，他却有点不服气。因此,他佩服十成。不过,他也猜得到,朝廷决不许十成得罪外国人,十成若是傻干,必定吃亏。他是旗兵,应当向着朝廷呢?还是向着十成呢?他的心好像几股麻绳绕在一块儿,撕拉不开了。他的身上出了汗,小褂贴在背上,袜子也粘住脚心,十分不好过。

糊里糊涂地,他就来到便宜坊门外。他决定不了,进去还是不进去。

恰好,十成出来了。看见二哥,十成立定,嘴又闭得紧紧的。他的神气似乎是说:你要捉拿我吗?好,动手吧!

二哥笑了笑,低声地说:"别疑心我!走!谈谈去!"

十成的嘴唇动了动,而没说出什么来。

"别疑心我!"二哥又说了一遍。

"走!我敢作敢当!"十成跟着二哥往北走。

他们走得飞快,不大会儿就到了积水滩。这里很清静,苇塘边上只有两三个钓鱼的,都一声不出。两个小儿跑来,又追着一只蜻蜓跑去。二哥找了块石头坐下,擦着头上的汗,十成在一旁蹲下,呆视着微动的苇叶。

二哥要先交代明白自己,好引出十成的真心话来。"十成,我也恨欺侮咱们的洋人!可是,我是旗兵,上边怎么交派,我怎么作,我不能自主!不过,万一有那么一天,两军阵前,你我走对了面,我决不会开枪打你!我呀,十成,把差事丢了,还能挣饭吃,我是油漆匠!"

"油漆匠?"十成看了二哥一眼。"你问吧!"

"我不问教里的事。"

"什么教?"

"你们不是八卦教?教里的事不是不告诉外人吗?"二哥

得意地笑了笑。"你看，我是白莲教。按说，咱们是师兄弟！"

"你是不敢打洋人的白莲教！别乱扯师兄弟！"

二哥以为这样扯关系，可以彼此更亲热一点；哪知道竟自碰了回来。他的脸红起来。"我，我在理儿！"

"在理儿就说在理儿，干吗扯上白莲教？"十成一句不让。

"算了，算了！"二哥沉住了气。"说说，你到底要怎样！"

"我走！在老家，我们全村受尽了大毛子、二毛子的欺负，我们造了反！我们叫官兵打散了，死了不少人！我得回去，找到朋友们，再干！洋人，官兵，一齐打！我们的心齐，我们有理，谁也挡不住我们！"十成立了起来，往远处看，好像一眼就要看到山东去。

"我能帮帮你吗？"二哥越看越爱这个天不怕地不怕的小伙子。他生在北京，长在北京，没见过像十成这样淳朴，这样干净，这样豪爽的人。

"我马上就走，你去告诉我爹，叫他老人家看明白，不打不杀，谁也没有活路儿！叫他看明白，我不是为非作歹，我是要干点好事儿！你肯吗？"十成的眼直视着二哥的眼。

"行！行！十成，你知道，我的祖先也不怕打仗！可是，现在……算了，不必说了！问你，你有盘缠钱没有？"

"没有！用不着！"

"怎么用不着？谁会白给你一个烧饼？"二哥的俏皮话又来了，可是赶紧控制住。"我是说，行路总得有点钱。"

"看！"十成解开小褂，露出一条已经被汗沤得深一块浅一块的红布腰带来。"有这个，我就饿不着！"说完，他赶紧把小褂又扣好。

"可是，叫二毛子看见，叫官兵看见，不就……"

"是呀！"十成爽朗地笑了一声。"我这不是赶快系好了扣子吗？二哥，你是好人！官兵要都像你，我们就顺利多了！哼，有朝一日，我们会叫皇上也得低头！"

"十成，"二哥掏出所有的几吊钱来，"拿着吧，不准不要！"

"好！"十成接过钱去。"我数数！记上这笔账！等把洋人全赶走，我回家种地，打了粮食还给你！"他一边说，一边数钱。"四吊八！"他把钱塞在怀里。"再见啦！"他往东走去。

二哥赶上去，"你认识路吗？"

十成指了指德胜门的城楼："那不是城门？出了城再说！"

十成不见了，二哥还在那里立着。这里是比较凉爽的地方，有水，有树，有芦苇，还有座不很高的小土山。二哥可是觉得越来越热。他又坐在石头上。越想，越不对，越怕；头上又出了汗。不管怎样，一个旗兵不该支持造反的人！他觉得自己一点也不精明，作了极大的错事！假若十成被捉住，供出他来，他怎么办？不杀头，也得削除旗籍，发到新疆或云南去！

"也不至于！不至于！"他安慰自己。"出了事，花钱运动运动就能逢凶化吉！"这么一想，他又觉得他不是同情造反，而是理之当然了——什么事都可以营私舞弊，有银子就能买到官，赎出命来。这成何体统呢？他没读过经史，可是听过不少京戏和评书，哪一朝不是因为不成体统而垮了台呢?

再说,十成是要打洋人。一个有良心的人,没法不佩服他,大家伙儿受了洋人多少欺侮啊!别的他不知道,他可忘不了甲午之战,和英法联军焚烧圆明园啊。他镇定下来。十成有理,他也有理,有理的人心里就舒服。他慢慢地立起来,想找王掌柜去。已走了几步,他又站住了。不好!不能去!他答应下王掌柜,帮他留下十成啊!再说,王掌柜的嘴快,会到处去说:儿子跑了,福海知道底细!这不行!

可是,不去安慰王掌柜,叫老头子到处去找儿子,也不对!怎么办呢?

他急忙回了家,用左手写了封信:"父亲大人金安:儿回家种地,怕大人不准回去,故不辞而别也。路上之事,到家再禀。儿十成顿首。"写完,封好,二哥说了声"不好!"赶紧又把信拆开。"十成会写字不会呢?不知道!"

想了好大半天,打不定主意,最后:"算了,就是它!"他又把信粘好,决定在天黑之后,便宜坊上了门,从门缝塞进去。

八

王掌柜本来不喜欢洋人、洋东西,自从十成不辞而别,他也厌恶洋教与二毛子了。他在北京住了几十年,又是个买卖地的人,一向对谁都是一团和气,就是遇见永远不会照顾他的和尚,他也恭敬地叫声大师傅。现在,他越不放心十成,就越注意打听四面八方怎么闹教案,也就决定不便对信洋教的客客气气。每逢他路过教堂,他便站住,多看一会儿;越看,心里越别扭。那些教堂既不像佛庙,又不像道观?而且跟两旁的建筑是那么不谐调,叫他觉得它们里边必有洋枪洋炮,和什么洋秘密,洋怪物。赶上礼拜天,他更要多站一会儿,看看都是谁去作礼拜。他认识不少去作礼拜的人,其中有的是很好的好人,也有他平素不大看得起的人。这叫他心里更弄不清楚了:为什么那些好人要信洋教呢?为什么教堂收容那些不三不四的人呢?他想不明白。更叫他想不通的是:教徒里有不少旗人!他知道旗人有自己的宗教(他可是说不上来那是什么教),而且又信佛教、道教,和孔教。据他想,这也就很够了,为什么还得去信洋教呢?越想,他心里越绕得慌!

他决定问问多二爷。多二爷常到便宜坊来买东西,非常守规矩,是王掌柜所敬重的一个人。他的服装还是二三十年前的料子与式样,宽衣博带,古色古香。王掌柜因为讨厌那哗哗乱响的竹布,就特别喜爱多二爷的衣服鞋帽,每逢遇上他,二人就以此为题,谈论好大半天。多二爷在旗下衙门里当个小差事,收入不多。这也就是他的衣冠古朴的原因,他作不起新的。他没想到,这会得到王掌柜的夸赞,于是遇到有人说他的衣帽过了时,管他叫"老古董",他便笑着说:"哼!老王掌柜还夸我的这份儿老行头呢!"因此,他和王掌柜的关系就越来越亲密。但是,他并不因此而赊账。每逢王掌柜说:"先拿去吃吧,记上账!"多二爷总是笑着摇摇头:"不,老掌柜!我一辈子不拉亏空!"是,他的确是个安分守己的人。他的衣服虽然陈旧,可是老刷洗得干干净净,容易磨破的地方都事先打好补钉。

他的脸很长,眉很重,不苟言苟笑。可是,遇到他所信任的人,他也爱拉不断扯不断地闲谈,并且怪有风趣。

他和哥哥分居另过。多大爷不大要强,虽然没作过、也不敢作什么很大的伤天害理的事,可是又馋又懒,好贪小便宜。无论去作什么事,他的劈面三刀总是非常漂亮,叫人相信他是最勤恳,没事儿会找事作的人。吃过了几天饱饭之后,他一点也不再勤恳,睡觉的时候连灯都懒得吹灭,并且声明:"没有灯亮儿,我睡不着!"

他入了基督教。全家人都反对他入教,他可是非常坚决。他的理由是:"你看,财神爷,灶王爷,都不保佑我,我干吗不试试洋神仙呢?这年头儿,什么都是洋的好,睁开眼睛看看吧!"

反对他入教最力的是多二爷。多老二也并摸不清基督教的信仰是什么,信它有什么好处或什么坏处。他的最重要的理由是:"哥哥,难道你就不要祖先了吗?入了教不准上坟烧纸!"

"那,"多大爷的脸不像弟弟的那么长,而且一急或一笑,总把眉眼口鼻都挤到一块儿去,像个多褶儿的烧卖。此时,他的脸又皱得像个烧卖。"那,我不去上坟,你去,不是两面都不得罪吗?告诉你,老二,是天使给我托了梦!前些日子,我一点辙也没有[①]。可是,我梦见了天使,告诉我:'城外有生机'。我就出了城,顺着护城河慢慢地走。忽

[①] 一点办法也没有。辙,车辙,借指办法,此处指生计。

然,我听见了蛙叫,咕呱,咕呱!我一想,莫非那个梦就应验在田鸡身上吗?连钓带捉,我就捉到二十多只田鸡。你猜,我遇见了谁?"他停住口,等弟弟猜测。

多老二把脸拉得长长的,没出声。

多老大接着说:"在法国府……"

多老二反倒在这里插了话:"什么法国府?"

"法国使馆嘛!"

"使馆不就结了,干吗说法国府?"

"老二,你呀发不了财!你不懂洋务!"

"洋务?李鸿章懂洋务,可是大伙儿管他叫汉奸!"

"老二!"多老大的眉眼口鼻全挤到一块儿,半天没有放松。"老二!你敢说李中堂①是……!算了,算了,我不跟你扳死杠!还说田鸡那回事儿吧!"

"大哥,说点正经的!"

"我说的正是最正经的!我呀,拿着二十多只肥胖的田鸡,进了城。心里想:看看那个梦灵不灵!正这么想呢,迎头来了法国府的大师傅,春山,也是咱们旗人,镶黄旗的。你应该认识他!他哥哥春海,在天津也当洋厨子。"

"不认识!"

"哼,洋面上的人你都不认识!春山一见那些田鸡,就一把抓住了我,说:'多老大,把田鸡卖给我吧!'我一看他的神气,知道其中有事,就沉住了气。我说:'我找这些田鸡,是为配药用的,不卖!'我这么一说,他更要买了。敢

---

① 即李鸿章。李曾官至文华殿大学士,在公私礼节上,对"大学士"敬称"中堂"。

夏葆元　林旭东　插图

情啊，老二，法国人哪，吃田鸡！你看，老二，那个梦灵不灵！我越不卖，他越非买不可，一直到我看他拿出两吊钱来，我才把田鸡让给他！城外有生机，应验了！从那个好日子以后，我隔不了几天，就给他送些田鸡去。可是，到了冬天，田鸡都藏起来，我又没了办法。我还没忘了天使，天使也没忘了我，又给我托了个梦：'老牛有生机'。这可不大好办！你看，田鸡可以白捉，牛可不能随便拉走啊！有一天，下着小雪，我在街上走来走去，一点辙也没有。走着走着，一看，前面有个洋人。反正我也没事儿作，就加快了脚步，跟着他吧。你知道，洋人腿长，走得快。一边走，我一边念道：'老牛有生机'。那个洋人忽然回过头来，吓了我一跳。他用咱们的话问我：'你叫我，不叫我？'唉，他的声音，他的说法，可真别致，另有个味儿！我还没想起怎么回答，他可又说啦：'我叫牛又生。'你就说，天使有多么灵！牛有生，牛又生，差不多嘛！他敢情是牛又生，牛大牧师，真正的美国人！一听说他是牧师，我赶紧说：'牛大牧师，我有罪呀！'这是点真学问！你记住，牧师专收有罪的人，正好像买破烂的专收碎铜烂铁。牛牧师高兴极了，亲亲热热地把我拉进教堂去，管我叫迷失了的羊。我想：他是牛，我是羊，可以算差不多。他为我祷告，我也学着祷告。他叫我入查经班，白送给我一本《圣经》，还给了我两吊钱！"

"大哥！你忘了咱们是大清国的人吗？饿死，我不能去巴结洋鬼子！"多老二斩钉截铁地说。

"大清国？哈哈！"多老大冷笑着："连咱们的皇上也怕洋人！"

"说的好！"多老二真急了。"你要是真敢信洋教，大哥，别怪我不准你再进我的门!"

"你敢!我是你哥哥,亲哥哥!我高兴几时来就几时来!"多老大气哼哼地走出去。

一个比别的民族都高着一等的旗人若是失去自信,像多老大这样,他便对一切都失去信心。他觉得自己是天底下最可怜的人,因而他干什么都应当邀得原谅。他入洋教根本不是为信仰什么,而是对社会的一种挑战。他仿佛是说:谁都不管我呀,我去信洋教,给你们个苍蝇吃①。他也没有把信洋教看成长远之计;多咱洋教不灵了,他会退出来,改信白莲教,假若白莲教能够给他两顿饭吃。思索了两天,他去告诉牛牧师,决定领洗入教,改邪归正。

教堂里还有位中国牧师,很不高兴收多大爷这样的人作教徒。可是,他不便说什么,因为他怕被牛牧师问倒:教会不救有罪的人,可救谁呢?况且,教会是洋人办的,经费是由外国来的,他何必主张什么呢?自从他当上牧师那天起,他就决定毫无保留地把真话都禀明上帝,而把假话告诉牛牧师。不管牛牧师说什么,他总点头,心里可是说:"你犯错误,你入地狱!上帝看得清楚!"

牛牧师在国内就传过道,因为干别的都不行。他听说地球上有个中国,可是与他毫无关联,因而也就不在话下。自从他的舅舅从中国回来,他开始对中国发生了兴趣。他的舅舅在年轻的时候偷过人家的牲口,被人家削去了一只耳朵,所以逃到中国去,卖卖鸦片什么的,发了不小的财。发财还乡之后,亲友们,就是原来管他叫流氓的亲友们,不约而同

---

① 故意招人恶心的意思。此指"旗人"信"洋教"的事。

地称他为中国通。在他的面前，他们一致地避免说"耳朵"这个词儿，并且都得到了启发——混到山穷水尽，便上中国去发财，不必考虑有一只、还是两只耳朵。牛牧师也非例外。他的生活相当困难，到圣诞节都不一定能够吃上一顿烤火鸡。舅舅指给他一条明路："该到中国去！在这儿，你连在圣诞节都吃不上烤火鸡；到那儿，你天天可以吃肥母鸡，大鸡蛋！在这儿，你永远雇不起仆人；到那儿，你可以起码用一男一女，两个仆人！去吧！"

于是，牛牧师就决定到中国来。作了应有的准备，一来二去，他就来到了北京。舅舅果然说对了：他有了自己独住的小房子，用上一男一女两个仆人；鸡和鸡蛋是那么便宜，他差不多每三天就过一次圣诞节。他开始发胖。

对于工作，他不大热心，可又不敢太不热心。他想发财，而传教毕竟与贩卖鸦片有所不同。他没法儿全心全意地去工作。可是，他又准知道，若是一点成绩作不出来，他就会失去刚刚长出来的那一身肉。因此，在工作上，他总是忽冷忽热，有冬有夏。在多老大遇见他的那一天，他的心情恰好是夏天的，想把北京所有的罪人都领到上帝面前来，作出成绩。在这种时候，他羡慕天主教的神甫们。天主教的条件好，势力厚，神甫们可以用钱收买教徒，用势力庇护教徒，甚至修建堡垒，藏有枪炮。神甫们几乎全像些小皇帝。他，一个基督教的牧师，没有那么大的威风。想到这里，他不由地也想起舅舅的话来："对中国人，别给他一点好颜色！你越厉害。他们越听话！"好，他虽然不是天主教的神甫，可到底是牧师，代表着上帝！于是，在他讲道的时候，他就用他的一口似是而非的北京话，在讲坛上大喊大叫：地狱，魔鬼，世界末日……震得小教堂的顶棚上往下掉尘土。这样发泄一阵，他觉得痛快了一些，没有发了财，可是发了威，也是一种胜利。

对那些借着教会的力量，混上洋事，家业逐渐兴旺起来的教友，他有些反感。他们一得到好处，就不大热心作礼拜来了。可是，他也不便得罪他们，因为在圣诞节给他送来值钱的礼物的正是他们。有些教友呢，家道不怎么强，而人品很好。他们到时候就来礼拜，而不巴结牧师。牛牧师以为这种人，按照他舅舅对中国人的看法，不大合乎标准，所以在喊地狱的时候，他总看着他们——你们这些自高自大的人，下地狱！下地狱！他最喜爱的是多老大这类的人。他们合乎标准：穷，没有一点架子，见了他便牧师长，牧师短，叫得震心。跟他们在一道，他觉得自己多少像个小皇帝了。

他的身量本来不算很矮，可是因为近来吃得好，睡得香，全身越发展越圆，也就显着矮了一些。他的黄头发不多，黄眼珠很小；因此，他很高兴：生活在中国，黄颜色多了，对他不利。他的笑法很突出：咔、咔地往外挤，好像嗓子上扎着一根鱼刺。每逢遇到教友们，他必先咔咔几下，像大人见着个小孩，本不想笑，又不好不逗一逗那样。

不论是在讲坛上，还是在日常生活中，他都说不出什么大道理来。他没有什么学问，也不需要学问。他觉得只凭自己来自美国，就理当受到尊敬。他是天生的应受尊敬的人，连上帝都得怕他三分。因此，他最讨厌那些正派的教友。当他们告诉他，或在神气上表示出：中国是有古老文化的国家，在古代就把最好的磁器、丝绸、和纸、茶等等送给全人类，他便赶紧提出轮船、火车，把磁器什么的都打碎，而后胜利地咔咔几声。及至他们表示中国也有过岳飞和文天祥等英雄人物,他最初只眨眨眼,因为根本不晓得他们是谁。后来,他打听明白了他们是谁,他便自动地,严肃地,提起他们来:你们的岳飞和文天祥有什么用呢?你们都是罪人,只是上帝能拯救你们!说这些话的时候,他的脸便红起来,手心里出了汗。他不晓得自己为什么那样激动,只觉得这样脸红脖子粗的才舒服,才对得起真理。

人家多老大就永远不提岳飞和文天祥。人家多老大冬夏长青地用一块破蓝布包着《圣经》,夹在腋下,而且巧妙地叫牛牧师看见。而后,他进一步,退两步地在牧师前面摆动,直到牧师咔咔了两声,他才毕恭毕敬地打开《圣经》,双手捧着,前去请教。这样一来,明知自己没有学问的牛牧师,忽然变成有学问的人了。

"牧师!"多老大恭敬而亲热地叫:"牧师!牛牧师,咱们敢情都是土作的呀?"

"对!对!'创世记'① 上说得明明白白:上帝用土造人,将生气吹在他鼻内,人就成了生灵。"牛牧师指着《圣经》说。

"牧师!牛牧师!那么,土怎么变成了肉呢?"多大爷装傻充愣地问。

"不是上帝将生气吹在鼻子里了吗?"

"对!牧师!对!我也是这么想,可是又怕想错了!"多大爷把《旧约》的"历代"翻开,交给牧师,而后背诵:

---

① 《旧约》的第一章,讲"上帝创造天地"。

"亚当生塞特,塞特生以挪士,以挪士生该南,该南生玛勒列……"①

"行啦!行啦!"牧师高兴地劝阻。"你是真用了功!一个中国人记这些名字,不容易呀!"

"真不容易!第一得记性好,第二还得舌头灵!牧师,我还有个弄不清楚的事儿,可以问吗?"

"当然可以!我是牧师!"

多老大翻开"启示录"②。"牧师,我不懂,为什么'宝座中,和宝座四围有四个活物,前后遍体都长满了眼睛'?这是什么活物呢?"

"下面不是说:第一个活物像狮子,第二个活物像牛犊,第三个活物有脸像人,第四个活物像飞鹰吗?"

"是呀!是呀!可为什么遍体长满了眼睛呢?"

"那,"牛牧师抓了抓稀疏的黄头发。"那,'启示录'是最难懂的。在我们国内,光说解释'启示录'的书就有几大车,不,几十大车!你呀,先念'四福音书'③吧,等到功夫深了再看'启示录'!"牛牧师虚晃了一刀,可是晃得非常得体。

"对!对!"多老大连连点头。在点头之际,他又福至心灵地想出警句:"牧师,我可识字不多,您得帮助我!"他的确没有读过多少书,可是无论怎么说,他也比牛牧师多认识几个汉字。他佩服了自己:一到谄媚人的时候,他的脑子就

---

① "创世记"第五章的内容。

② 《新约》的最后一章。多老大以《圣经》的一头一尾向牧师发问,表示自己已经通读。"宝座中……遍体长满了眼睛"是"启示录"第四章的原文。

③ 基督教把凡是耶稣所说的话或其门徒传布的教义,都称为"福音"。《新约全书》中有马太、马可、路加、约翰四福音,均为最基本的教义。

会那么快，嘴会那么甜！他觉得自己是一朵刚吐蕊的鲜花，没法儿不越开越大、越香！

"一定！一定！"牛牧师没法子不拿出四吊钱来了。他马上看出来：即使自己发不了大财，可也不必愁吃愁穿了——是呀，将来回国，他可以去作教授！好嘛，连多老大都求他帮助念《圣经》，汉语的《圣经》，他不是个汉学家，还是什么呢？舅舅，曾经是偷牲口的流氓，现在不是被称为中国通么？

接过四吊钱来，多老大拐弯抹角地说出：他不仅是个旗人，而且祖辈作过大官，戴过红顶子。

"噢！有没有王爷呢？"牛牧师极严肃地问。王爷、皇帝，甚至于一个子爵，对牛牧师来说，总有那么不少的吸引力。他切盼教友中有那么一两位王爷或子爵的后裔，以便向国内打报告的时候，可以大书特书：两位小王爷或子爵在我的手里受了洗礼！

"不记得有王爷。我可是的确记得，有两位侯爷！"多老大运用想象，创造了新的家谱。是的，就连他也不肯因伸手接那四吊钱而降低了身份。他若是侯爷的后代呢，那点钱便差不多是洋人向他献礼的了。

"侯爷就够大的了，不是吗？"牛牧师更看重了多老大，而且咔咔地笑着，又给他添了五百钱。

多老大包好《圣经》，揣好四吊多钱，到离教堂至少有十里地的地方，找了个大酒缸①。一进去，多老大把天堂完

---

① 指酒馆。从前的酒馆，多置有合围的大酒缸，盖以木板或石板，当作酒桌。酒缸，即作酒馆的代称。

全忘掉了。多么香的酒味呀！假若人真是土作的，多老大希望，和泥的不是水，而是二锅头！坐在一个酒缸的旁边，他几乎要晕过去，屋中的酒味使他全身的血管都在喊叫：拿二锅头来！镇定了一下，他要了一小碟炒麻豆腐，几个腌小螃蟹，半斤白干。

喝到他的血管全舒畅了一些，他笑了出来：遍身都是眼睛，嘻嘻嘻！他飘飘然走出来，在门外精选了一块猪头肉，一对熏鸡蛋，几个白面火烧，自由自在地，连吃带喝地，享受了一顿。用那块破蓝布擦了擦嘴，他向酒缸主人告别。

吃出点甜头来以后，多老大的野心更大了些。首先他想到：要是像旗人关钱粮似的，每月由教会发给他几两银子，够多么好呢！他打听了一下，这在基督教教会不易作到。这使他有点伤心，几乎要责备自己，为什么那样冒失，不打听明白了行市就受洗入了教。

他可是并不灰心。不！既来之则安之，他必须多动脑子，给自己打出一条活路来。是呀，能不能借着牛牧师的力量，到"美国府"去找点差事呢？刚刚想到这里，他自己赶紧打了退堂鼓：不行，规规矩矩地去当差，他受不了！他愿意在闲散之中，得到好吃好喝，像一位告老还乡的宰相似的。是的，在他的身上，历史仿佛也不是怎么走错了路。在他的血液里，似乎已经没有一点什么可以燃烧起来的东西。他的最高的理想是天上掉下馅饼来，而且恰好掉在他的嘴里。

他知道，教会里有好几家子，借着洋气儿开了大铺子，贩卖洋货，发了不小的财。他去拜访他们，希望凭教友的情谊，得点好处。可是，他们的爱心并不像他所想象的那么深厚,都对他非常冷淡。他们之中,有好几位会说洋话。他本来以为"亚当生塞特……"就是洋话;敢情并不是。他摹仿着牛牧师的官话腔调把"亚当生塞特"说成"牙当生鳃特",人家还是摇头。他问人家那些活物为什么满身是眼睛,以便引起学术研究的兴趣,人家干脆说"不知道"!人家连一杯茶都没给他喝!多么奇怪!

多老大苦闷。他去问那些纯正的教友,他们说信教是为追求真理,不为发财。可是,真理值多少钱一斤呢?

他只好去联合吃教的苦哥儿们,想造成一种势力。他们各有各的手法与作风,不愿跟他合作。他们之中,有的借着点洋气儿,给亲友们调停官司,或介绍买房子卖地,从中取得好处;也有的买点别人不敢摸的赃货,如小古玩之类,送到外国府去;或者奉洋人之命,去到古庙里偷个小铜佛什么的,得些报酬。他们各有门道,都不传授给别人,特别是多老大。他们都看不上他的背诵"亚当生塞特"和讨论"遍身是眼睛",并且对他得到几吊钱的赏赐也有那么点忌妒。他是新入教的,不该后来居上,压下他们去。一来二去,他们管他叫作"眼睛多",并且有机会便在牛牧师的耳旁说他的坏话。牛牧师有"分而治之"的策略在胸,对他并没有表示冷淡,不过赶到再讨论"启示录"的时候,他只能得到一吊钱了,尽管他暗示:他的小褂也像那些活物,遍身都是眼睛!

怎么办呢?

唉,不论怎么说,非得点好处不可!不能白入教!

先从小事儿作起吧。在他入教以前,他便常到老便宜坊赊点东西吃,可是也跟别的旗人一样,一月倒一月,钱粮下来就还上账。现在,他决定只赊不还,看便宜坊怎么办。以前,他每回不过是赊二百钱的生肉,或一百六一包的盒子菜什么的;现在,他敢赊整只的酱鸡了。

王掌柜从多二爷那里得到了底细。他不再怀疑十成所说的了。他想:眼睛多是在北京,假若是在乡下,该怎样横行霸道呢?怪不得十成那么恨他们。

"王掌柜!"多二爷含羞带愧地叫:"王掌柜!他欠下几个月的了?"

"三个多月了,没还一个小钱!"

"王掌柜!我,我慢慢地替他还吧!不管怎么说,他总是我的哥哥!"多二爷含着泪说。

"怎能那么办呢?你们分居另过,你手里又不宽绰!"

"分居另过……他的祖宗也是我的祖宗!"多二爷狠狠地咽了口唾沫。

"你,你甭管!我跟他好好地讲讲理!"

"王掌柜!老大敢作那么不体面的事,是因为有洋人给他撑腰;咱们斗不过洋人!王掌柜,那点债,我还!我还!不管我怎么为难,我还!"

王掌柜考虑了半天,决定暂且不催多老大还账,省得多老大真把洋人搬出来。他也想到:洋人也许不会管这样的小事吧?可是,谁准知道呢?"还是稳当点好!"他这么告诉自己。

这时候,多老大也告诉自己:"行!行!这一手儿不坏,吃得开!看,我既不知道闹出事儿来,牛牧师到底帮不帮我的忙,也还没搬出他来吓唬王掌柜,王掌柜可是已经不言不语地把酱鸡送到我手里,仿佛儿子孝顺爸爸似的,行,行,有点意思儿！"

他要求自己更进一步："是呀，赶上了风，还不拉起帆来吗？"可是，到底牛牧师支持他不呢？他心里没底。好吧，喝两盅儿壮壮胆子吧。喝了四两，烧卖脸上红扑扑的，他进了便宜坊。这回，他不但要赊一对肘子，而且向王掌柜借四吊钱。

王掌柜冒了火。已经忍了好久，他不能再忍。虽然作了一辈子买卖，他可究竟是个山东人，心直气壮。他对准了多老大的眼睛，看了两分钟。他以为多老大应当明白这是什么意思，希望他知难而退。可是，多老大没有动，而且冷笑了两声。这逼得王掌柜出了声："多大爷！肘子不赊！四吊钱不借！旧账未还，免开尊口！你先还账！"

多老大没法儿不搬出牛牧师来了。要不然，他找不着台阶儿走出去。"好！王掌柜！我可有洋朋友，你咂摸咂摸①这个滋味儿吧！你要是懂得好歹的话，顶好把肘子、钱都给我送上门去，我恭候大驾！"他走了出去。

为索债而和穷旗人们吵闹，应当算是王掌柜的工作。他会喊叫、争论，可是不便真动气。是呀，他和人家在除夕闹得天翻地覆，赶到大年初一见面，彼此就都赶上前去，深施一礼，连祝发财，倒好像从来都没红过脸似的。这回，他可动了真气。多老大要用洋人的势力敲诈他，他不能受！他又想起十成，并且觉得有这么个儿子实在值得自豪！

可是，万一多老大真搬来洋人，怎么办呢？他和别人一样，不大知道到底洋人有多大力量，而越摸不着底就越可

---

① 寻思，反复研究。

怕。他赶紧去找多老二。

多老二好大半天没说出话来,恐怕是因为既很生气,又要控制住怒气,以便想出好主意来。"王掌柜,你回去吧。我找他去!"多老二想出主意来,并且决定马上行动。

"你……"

"走吧!我找他去!请在铺子里等我吧!"多老二是老实人,可是一旦动了气,也有个硬劲。

他找到了老大。

"哟!老二!什么风儿把你吹来了?"老大故意耍俏,心里说:你不高兴我入教,睁眼看看吧,我混得比从前强了好多:炒麻豆腐、腌小螃蟹、猪头肉、二锅头、及至于酱鸡,对不起,全先偏过了!看看我,是不是长了点肉?

"大哥!听着!"老二是那么急切、严肃,把老大的笑容都一下子赶跑。"听着!你该便宜坊的钱,我还!我去给便宜坊写个字据,一个小钱不差,慢慢地都还清!你,从此不许再到那儿赊东西去!"

眼睛多心里痒了一下。他没想到王掌柜会这么快就告诉了老二,可见王掌柜是发了慌,害了怕。他不知道牛牧师愿意帮助他不愿意,可是王掌柜既这么发慌,那就非请出牛牧师来不可了!怎么知道牛牧师不愿帮助他呢?假若牛牧师肯出头,哎呀,多老大呀,多老大,前途光明的没法儿说呀!

"老二,谢谢你的好意,我谢谢你!可是,你顶好别管我的事,你不懂洋务啊!"

"老大!"完全出于愤怒,老二跪下了,给哥哥磕了个响头。"老大!给咱们的祖宗留点脸吧,哪怕是一丁点儿呢!别再拿洋人吓唬人,那无耻!无耻!"老二的脸上一点血色也没有了，双手不住地发颤，想走出去，可又迈不开步。

老大愣了一会儿，噗哧一笑："老二！老二！"

"怎样？"老二希望哥哥回心转意。"怎样？"

"怎样？"老大又笑了一下，而后冷不防地："你滚出去！滚！"

老二极镇定地、狠狠地看了哥哥一眼，慢慢地走了出来。出了门，他已不知道东西南北。他一向是走路不愿踩死个蚂蚁，说话不得罪一条野狗的人。对于兄长，他总是能原谅就原谅，不敢招他生气。可是，谁想到哥哥竟自作出那么没骨头的事来——狗着①洋人，欺负自己人！他越想越气，出着声儿叨唠：怎么呢？怎么这种事叫我碰上了呢？怎么呢？堂堂的旗人会，会变成这么下贱呢？难道是二百多年前南征北战的祖宗们造下的孽，叫后代都变成猪狗去赎罪吗？不知道怎样走的，他走回了家。一头扎在炕上，他哭起来。

多老大也为了难。到底该为这件事去找牛牧师不该呢？去吧，万一碰了钉子呢？不去吧，又怎么露出自己的锋芒呢？嗯——去！去！万一碰了钉子，他就退教，叫牛牧师没脸再见上帝！对！就这么办！

"牛牧师！"他叫得亲切、缠绵，使他的嗓子、舌头都那么舒服，以至没法儿不再叫一声："牛牧师！"

"有事快说，我正忙着呢！"牛牧师一忙就忘了抚摸迷失了的羊羔，而想打它两棍子。

"那，您就先忙着吧，我改天再来！"口中这么说，多老大的脸上和身上可都露出进退两难的样子，叫牧师看出他有

---

① 溜须拍马，曲意逢迎。

些要紧的事儿急待报告。

"说说吧！说说吧！"牧师赏了脸。

大起大落，多老大首先提出他听到的一些有关教会的消息——有好多地方闹了教案。"我呀，可真不放心那些位神甫、牧师！真不放心！"

"到底是教友啊，你有良心！"牛牧师点头夸赞。

"是呀，我不敢说我比别人好，也不敢说比别人坏，我可是多少有点良心！"多老大非常满意自己这句话，不卑不亢，恰到好处。然后，他由全国性的问题，扯到北京："北京怎么样呢？"

牛牧师当然早已听说，并且非常注意，各地方怎么闹乱子。虽然各处教会都得到胜利，他心里可还不大安静。教会胜利固然可喜，可是把自己的脑袋耍掉了，恐怕也不大上算。他给舅舅写了信，请求指示。舅舅是中国通，比上帝都更了解中国人。在信里，他暗示：虽然母鸡的确肥美，可是丢掉性命也怪别扭。舅舅的回信简而明：

"很奇怪，居然有怕老鼠的猫——我说的是你！乱子闹大了，我们会出兵，你怕什么呢？在一个野蛮国家里，越闹乱子，对我们越有利！问问你的上帝，是这样不是？告诉你句最有用的话：没有乱子，你也该制造一个两个的！你要躲开那儿吗？你算把牧师的气泄透了！祝你不平安！祝天下不太平！"

接到舅舅的信，牛牧师看到了真理。不管怎么说，舅舅发了财是真的。那么，舅舅的意见也必是真理！他坚强起来。一方面，他推测中国人一定不敢造反；另一方面，他向使馆建议，早些调兵，有备无患。

"北京怎样？告诉你，连人带地方，都又脏又臭！咔，咔,咔!"

听了这样随便、亲切,叫他完全能明白的话,多老大从心灵的最深处掏出点最地道的笑意,摆在脸上。牛牧师成为他的知己,肯对他说这么爽直,毫不客气的话。乘热打铁,他点到了题:便宜坊的王掌柜是奸商,欺诈教友,诽谤教会。

"好,告他去!告他!"牛牧师不能再叫舅舅骂他是怕老鼠的猫!再说,各处的教案多数是天主教制造的,他自己该为基督教争口气。再说,教案差不多都发生在乡间,他要是能叫北京震动那么一下,岂不名扬天下,名利双收!再说,使馆在北京,在使馆的眼皮子下面闹点事,调兵大概就不成问题了。再说……。越想越对,不管怎么说,王掌柜必须是个奸商!

多老大反倒有点发慌。他拿什么凭据去控告王掌柜呢?自己的弟弟会去作证人,可是证明自己理亏!怎么办?他请求牛牧师叫王掌柜摆一桌酒席,公开道歉;要是王掌柜不肯,再去打官司。

牛牧师也一时决定不了怎么作才好,愣了一会儿,想起主意:"咱们祷告吧!"他低下头、闭上了眼。

多老大也赶紧低头闭眼,盘算着:是叫王掌柜在前门外的山东馆子摆酒呢,还是到大茶馆去吃白肉呢?各有所长,很难马上作出决定,他始终没想起对上帝说什么。

牛牧师说了声"阿们",睁开了眼。

多老大把眼闭得更严了些,心里空空的,可挺虔诚。

"好吧,先叫他道歉吧!"牛牧师也觉得先去吃一顿更实惠一些。

九

眼睛多没有学问,所以看不起学问。他也没有骨头,所以也看不起骨头——他重视,极其重视,酱肉。

他记得几个零七八碎的,可信可不信的,小掌故。其中的一个是他最爱说道的,因为它与酱肉颇有关系。

他说呀:便宜坊里切熟肉的木墩子是半棵大树。为什么要这么高呢?在古时候,切肉的墩子本来很矮。后来呀,在旗的哥儿们往往喜爱伸手指指点点,挑肥拣瘦,并且有时候捡起肉丝或肉块儿往嘴里送。这样,手指和飞快的刀碰到一起,就难免流点血什么的,造成严重的纠纷,甚至于去打官司。所以,墩子一来二去就长了身量,高高在上,以免手指和快刀发生关系。

在他讲说这个小掌故的时候,他并没有提出自己的看法,到底应否把肉墩子加高,使手指与快刀隔离。

可是,由他所爱讲的第二件小事情来推测,我们或者也可以找到点那弦外之音。

他说呀:许多许多旗籍哥儿们爱闻鼻烟。客人进了烟铺,把烟壶儿递出去,店伙必先把一小撮鼻烟倒在柜台上,以便客人一边闻着,一边等着往壶里装烟。这叫作规矩。是呀,在北京作买卖都得有规矩,不准野调无腔。在古时候,店中的伙计并不懂先"敬"烟,后装烟这个规矩,叫客人没事可作，等得不大耐烦。于是，旗人就想出了办法：一见柜台上没有个小小的坟头儿，便把羊掌找了伙计的脸去。这样，一来二去，就创造了，并且巩固下来，那条"敬"烟的规矩。

假若我们把这二者——肉墩子与"敬"烟，放在一块儿去咂摸，我们颇可以肯定地说，眼睛多对那高不可及的半棵大树是有意见的。我们可以替他说出来，假若便宜坊也懂得先"敬"点酱肉，够多么好呢！

多老大对自己是不是在旗，和是否应当保持旗人的尊严，似乎已不大在意。可是，每逢他想起那个"敬"烟的规矩，便又不能不承认旗人的优越。是呀，这一条，和类似的多少条规矩，无论怎么说，也不能不算旗人们的创造。在他信教以后，他甚至这么想过：上帝创造了北京人，北京的旗人创造了一切规矩。

对！对！还得继续创造！王掌柜不肯赊给他一对肘子，不肯借给他四吊钱，好！哈哈，叫他摆一桌酒席，公开道歉！这只是个开端，新规矩还多着哩！多老大的脸日夜不怠地笑得像个烧卖，而且是三鲜馅儿的。

可是，王掌柜拒绝了道歉！

眼睛多几乎晕了过去！

王掌柜心里也很不安。他不肯再找多老二去。多老二是老实人，不应再去叫他为难。他明知毛病都在洋人身上；可是，怎样对付洋人，他没有一点经验。他需要帮助。一想，他就想到福海二哥。不是想起一个旗人，而是想起一个肯帮忙的朋友。

自从十成走后，二哥故意地躲着王掌柜。今天，王掌柜忽然来找他,他吓了一跳,莫非十成又回来了,还是出了什么岔子?直到王掌柜说明了来意,他才放下心去。

可是,王掌柜现在所谈的更不好办。他看明白:这件事和十成所说的那些事的根子是一样的。他管不了!在外省,连知府知州知县都最怕遇上这种事,他自己不过是个旗兵,而且是在北京。

他可是不肯摇头。事在人为,得办办看,先摇头是最没出息的办法。他始终觉得自己在十成面前丢了人;现在,他不能不管王掌柜的事,王掌柜是一条好汉子的父亲。再说,眼睛多是旗人,给旗人丢人的旗人,特别可恨!是,从各方面来看,他都得管这件事。

"老掌柜,您看,咱们找找定大爷去,怎样?"

"那行吗?"王掌柜并非怀疑定大爷的势力,而是有点不好意思——每到年、节,他总给定府开点花账。

"这么办:我的身份低,又嘴上无毛,办事不牢,不如请上我父亲和正翁,一位参领,一位佐领,一同去见定大爷,或者能有门儿!对!试试看!您老人家先回吧,别急,听我的回话儿!"

云亭大舅对于一个忘了本,去信洋教的旗人,表示厌恶。"旗人信洋教,那么汉人该怎么样呢?"在日常生活里,他不愿把满、汉的界限划得太清了;是呀,谁能够因为天泰轩的掌柜的与跑堂的都是汉人,就不到那里去喝茶吃饭呢?可是,遇到大事,像满汉应否通婚,大清国的人应否信洋教,他就觉得旗人应该比汉人高明,心中有个准数儿,不会先犯错误。他看不起多老大,不管他是眼睛多,还是鼻子多。

及至听到这件事里牵涉着洋人,他赶紧摇了摇头。他告诉二哥:"少管闲事!"对了,大舅很喜欢说"少管闲事"。每逢这么一说,他就觉得自己为官多年,经验富,阅历深。

二哥没再说什么。他们爷儿俩表面上是父慈子孝,可心里并不十分对劲儿。二哥去找正翁。

八月未完,九月将到,论天气,这是北京最好的时候。风不多,也不大,而且暖中透凉,使人觉得爽快。论色彩,二八月,乱穿衣,大家开始穿出颜色浓艳的衣裳,不再像夏天的那么浅淡。果子全熟了,街上的大小摊子上都展览着由各地运来的各色的果品,五光十色,打扮着北京的初秋。皇宫上面的琉璃瓦,白塔的金顶,在晴美的阳光下闪闪发光。风少,灰土少,正好油饰门面,发了财的铺户的匾额与门脸儿都添上新的色彩。好玩鸟儿的人们,一夏天都用活蚂蚱什么的加意饲养,把鸟儿喂得羽毛丰满,红是红,黄是黄,全身闪动着明润的光泽,比绸缎更美一些。

二哥的院里有不少棵枣树,树梢上还挂着些熟透了的红枣儿。他打下来一些,用包袱兜好,拿去送给正翁夫妇。那年月,旗人们较比闲在,探望亲友便成为生活中的要事一端。常来常往,大家都观察的详细,记得清楚。谁家院里有一棵歪脖的大白杏,谁家的二门外有两株爱开花而不大爱结果的"虎拉车"①。记得清楚,自然到时候就期望有些果子送上门来,亲切而实惠。大姐婆婆向来不赠送别人任何果子,因为她从前种的白枣和蜜桃什么的都叫她给瞪死了,后来就起誓不再种果树。这可就叫她有时间关心别人家的桃李

---

① 即花红,俗称沙果。虎读作 huǒ。

和苹果,到时候若不给她送来一些,差不多便是大逆不道!因此,二哥若不拿着些枣子,便根本不敢前去访问。

多甫大姐夫正在院里放鸽子。他仰着头,随着鸽阵的盘旋而轻扭脖颈,眼睛紧盯着飞动的"元宝"。他的脖子有点发酸,可是"不苦不乐",心中的喜悦难以形容。看久了,鸽子越飞越高,明朗的青天也越来越高,在鸽翅的上下左右仿佛还飞动着一些小小的金星。天是那么深远,明洁,鸽子是那么黑白分明,使他不能不微张着嘴,嘴角上挂着笑意。人、鸽子、天,似乎通了气,都爽快、高兴、快活。

今天,他只放起二十来只鸽子,半数以上是白身子,黑凤头,黑尾巴的"黑点子",其余的是几只"紫点子"和两只黑头黑尾黑翅边的"铁翅乌"。阵式不大,可是配合得很有考究。是呀,已到初秋,天高,小风儿凉爽,若是放起全白的或白尾的鸽儿,岂不显着轻飘,压不住秋景与凉风儿么?看,看那短短的黑尾,多么厚深有力啊。看,那几条紫尾确是稍淡了一些,可是鸽子一转身或一侧身啊,尾上就发出紫羽特有的闪光呀!由全局看来,白色似乎还是过多了一些,可是那一对铁翅乌大有作用啊:中间白,四边黑,像两朵奇丽的大花!这不就使鸽阵于素净之中又不算不花哨么?有考究!真有考究!看着自己的这一盘儿鸽子,大姐夫不能不暗笑那些阔人们——他们一放就放起一百多只,什么颜色的都有,杂乱无章,叫人看着心里闹得慌!"贵精不贵多呀!"他想起古人的这句名言来。虽然想不起到底是哪一位古人说的,他可是觉得"有诗为证",更佩服自己了。

在愉快之中,他并没忘了警惕。玩嘛,就得全心全意,一丝不苟。虽然西风还没有吹黄了多少树叶,他已不给鸽子戴上鸽铃，怕声闻九天，招来"鸦虎子"——一种秋天来到北京的鹞子，鸽子的敌人。一点不能大意，万一鸦虎子提前几天进了京呢，可怎么办？他不错眼珠地看着鸽阵，只要鸽子露出点惊慌，不从从容容地飞旋，那必是看见了敌人。他便赶紧把它们招下来，决不冒险。今天，鸽子们并没有一点不安的神气，可是他还不敢叫它们飞得过高了。鸦虎子专会在高空袭击。他打开鸽栅，放出几只老弱残兵，飞到房上。空中的鸽子很快地都抿翅降落。他的心由天上回到胸膛里。

二哥已在院中立了一会儿。他知道，多甫一玩起来便心无二用，听不见也看不见旁的，而且讨厌有人闯进来。见鸽子都安全地落在房上，他才敢开口："多甫，不错呀！"

"哟！二哥！"多甫这才看见客人。他本想说两句道歉的话，可是一心都在鸽子上，爽兴就接着二哥的话茬儿说下去："什么？不错？光是不错吗？看您说的！这是点真学问！我叫下它们来，您细瞧瞧！每一只都值得瞧半天的！"他往栅子里撒了一把高粱，鸽子全飞了下来。"您看！您要是找紫点子和黑点子的样本儿，都在这儿呢！您看看，全是凤头的，而且是多么大，多么俊的凤头啊！美呀！飞起来，美；落下来，美；这才算地道玩艺儿！"没等二哥细细欣赏那些美丽的凤头，多甫又指着一对"紫老虎帽儿"说："二哥！看看这一对宝贝吧！帽儿一直披过了肩，多么好的尺寸，还一根杂毛儿也没有啊！告诉您，没地方找去！"他放低了声音，好像怕隔墙有耳："庆王府的！府里的秀泉，秀把式偷出来的一对蛋！到底是王府里的玩艺儿，孵出来的哪是鸽子，是凤凰哟！"

"嗯！是真体面！得送给秀把式一两八钱的吧？"

"二哥,您是怎么啦?一两八钱的,连看也不叫看一眼啊!靠着面子,我给了他三两。可是,这一对小活宝贝得值多少银子啊?二哥,不信您马上拍出十两银子来,看我肯让给您不肯!"

"那,我还留着银子娶媳妇呢!"

"那,也不尽然!"多甫把声音放得更低了些:"您记得博胜之博二爷,不是用老婆换了一对蓝乌头吗?"这时候,他才看见二哥手里的包袱。"二哥,您家里的树熟儿①吧?嘿!我顶爱吃您那儿的那种'莲蓬子儿'甜酸,核儿小,皮嫩!太好啦!我道谢啦!"他请了个安,把包袱接过去。

进了堂屋,二哥给二位长亲请了安,问了好,而后献礼:"没什么孝敬您的,自家园的一点红枣儿!"

大姐进来献茶,然后似乎说了点什么,又似乎没说什么,就那么有规有矩地找到最合适的地方,垂手侍立。

多甫一心要吃枣子,手老想往包袱里伸。大姐婆婆的眼睛把他的手瞪了回去,而后下命令:"媳妇,放在我的盒子里去!"大姐把包袱拿走,大姐夫心里凉了一阵。

有大姐婆婆在座,二哥不便提起王掌柜的事,怕她以子爵的女儿的资格,拦头给他一杠子。她对什么事,不管懂不懂,都有她自己的见解与办法。一旦她说出"不管",正翁就绝对不便违抗。这并不是说正翁有点怕老婆,而是他拥护一条真理——"不管"比"管"更省事。二哥有耐性儿,即使大姐婆婆在那儿坐一整天,他也会始终不动,滔滔不绝地瞎扯。

---

① 指树上熟透了的果实。

大姐不知在哪儿那么轻嗽了一下。只有大姐会这么轻嗽，叫有心听的能听出点什么意思来，叫没心听的也觉得挺悦耳，叫似有心听又没心听的既觉得挺悦耳，还可能听出点什么意思来。这是她的绝技。大姐婆婆听见了，瞪了瞪眼，欠了欠身。二哥听到了那声轻嗽，也看见了这个欠身，赶紧笑着说："您有事，就请吧！"大姐婆婆十分庄严地走出去。二哥这才对二位男主人说明了来意。

多甫还没把事情完全听明白，就怒从心中起，恶向胆边生。"什么？洋人？洋人算老几呢？我斗斗他们！大清国是天朝上邦，所有的外国都该进贡称臣！"他马上想出来具体的办法："二哥，您甭管，全交给我吧！善扑营①的、当库兵的哥儿们，多了没有，约个三十口子，四十口子，还不算不现成！他眼睛多呀，就是千眼佛，我也把他揍瞎了！"

"打群架吗？"二哥笑着问。

"对！拉躺下，打！打得他叫了亲爹，拉倒！不叫，往死里打！"多甫立起来，晃着两肩，抡抡拳头，还狠狠地啐了两口。

"多甫，"旗人的文化已经提到这么高，正翁当着客人面前，称儿子的号而不呼名了。"多甫，你坐下！"看儿子坐下了，正翁本不想咳嗽，可是又似乎有咳嗽的必要，于是就有腔有调地咳嗽了一会儿，而后问二哥："定大爷肯管这个事吗？"

"我不知道，所以才来请您帮帮忙！"

---

① 善扑，摔交。清代设置的善扑营，是专门训练为演习用的摔交、射箭、骑马等技艺的军营。

"我看,我看,拿不准的事儿,顶好不作!"正翁作出很有思想的样子,慢慢地说。

"先打了再说嘛,有什么拿不准的?"多甫依然十分坚决。"是呀,我可以去请两位黄带子①来,打完准保没事!"

"多甫,"正翁掏出四吊钱的票子来,"给你,出去蹓蹓!看有好的小白梨,买几个来,这两天我心里老有点火。"

多甫接过钱来,扭头就走,大有子路负米的孝心与勇气。"二哥,您坐着,我给老爷子找小白梨去!什么时候打,我听您一句话,决不含糊!"他摇晃着肩膀走了出去。

"正翁,您……"二哥问。

"老二,"正翁亲切地叫,"老二!咱们顶好别去蹚浑水!"这种地方,正翁与云翁有些不同:云翁在拒绝帮忙的时候,设法叫人家看出来他的身份,理当不轻举妄动。正翁呢,到底是玩鸟儿、玩票惯了,虽然拒绝帮忙,说的可怪亲切,照顾到双方的利益。"咱们爷儿俩听听书去吧!双厚坪、恒永通,双说'西游',可真有个听头!"

"我改天,改天陪您去!今儿个……"二哥心里很不高兴,虽然脸上不露出来——也许笑容反倒更明显了些,稍欠自然一些。他看不上多甫那个虚假劲儿:明知自己不行,却还爱说大话,只图嘴皮子舒服。即使他真想打群架,那也只是证明他糊涂;他难道看不出来,旗人的威风已不像从前那么大了吗?对正翁,二哥就更看不上了。他对于这件事完全漠不关心,他一心想去听《西游记》!

---

① 清代的宗室,都系着金黄色带子,俗称宗室为"黄带子"。此处是指能在宗室中请出朋友。

大姐婆婆在前，大姐在后，一同进来。大姐把包袱退还给二哥，里边包着点东西。不能叫客人拿着空包袱走，这是规矩，这也就是婆媳二人躲开了半天的原因。大姐婆婆好吃，存不下东西。婆媳二人到处搜寻，才偶然地碰到了一小盒杏仁粉，光绪十六年的出品。"就行啦！"大姐安慰着婆婆："反正有点东西压着包袱，就说得过去啦！"

二哥拿着远年的杏仁粉，请安道谢，告退。出了大门，打开包袱，看了看，顺手儿把小盒扔在垃圾堆上——那年月，什么地方都有垃圾堆，很"方便"。

十

福海二哥是有这股子劲头的：假若听说天德堂的万应锭这几天缺货，他就必须亲自去问问；眼见为实，耳听是虚。他一点不晓得定大爷肯接见他不肯。他不过是个普通的旗兵。可是，他决定去碰碰；碰巧了呢，好；碰一鼻子灰呢，再想别的办法。

他知道，他必须买通了定宅的管家，才会有见到定大爷的希望。他到便宜坊拿了一对烧鸡，并没跟王掌柜说什么。帮忙就帮到家，他不愿意叫王老头儿多操心。

提着那对鸡——打了个很体面的蒲包，上面盖着红纸黑字的门票，也鲜艳可喜——他不由地笑了笑，心里说：这算干什么玩呢！他有点讨厌这种送礼行贿的无聊，可又觉得有点好玩儿。他是旗人，有什么办法能够从蒲包儿、烧鸡的圈圈里冲出去呢？没办法！

见了管家，他献上了礼物，说是王掌柜求他来的。是的，王掌柜有点小小的、比针尖大不了多少的困难，希望定大爷帮帮忙。王掌柜是买卖地儿的人，不敢来见定大爷，所以才托他登门拜见。是呀，二哥转弯抹角地叫管家听明白，他的父亲是三品顶子的参领——他知道，定大爷虽然有钱有势，可是还没作过官。二哥也叫管家看清楚，他在定大爷面前，一定不会冒冒失失地说出现在一两银子能换多少铜钱，或烧鸡卖多少钱一只。他猜得出，定宅的银盘儿和物价都与众不同，完全由管家规定。假若定大爷万一问到烧鸡，二哥会说：这一程子，烧鸡贵得出奇！二哥这些话当然不是直入公堂说出来的。他也不是怎么说着说着，话就那么一拐弯儿，叫管家听出点什么意思来，而后再拐弯儿，再绕回来。这样拐弯抹角，他说了一个钟头。连这样，管家可是还没替他通禀一声的表示。至此，二哥也就露出，即使等三天三夜，他也不嫌烦——好在有那对烧鸡在那儿摆着，管家还不至把他轰了出去。

管家倒不耐烦了，只好懒懒地立起来。"好吧，我给你回一声儿吧！"

恰好定大爷这会儿很高兴，马上传见。

定大爷是以开明的旗人自居的。他的祖父、父亲都作过外任官，到处拾来金银元宝，珍珠玛瑙。定大爷自己不急于作官，因为那些元宝还没有花完，他满可以从从容容地享此清福。在戊戌变法的时候，他甚至于相当同情维新派。他不像云翁与正翁那么顾虑到一变法就丢失了铁杆儿庄稼。他用不着顾虑，在他的宅院附近，半条街的房子都是他的，专靠房租，他也能舒舒服服地吃一辈子。他觉得自己非常清高，有时候他甚至想到，将来他会当和尚去，像贾宝玉似的。因此，他也轻看作生意。朋友们屡屡劝他拿点资本，帮助他们开个买卖，他总是摇头。对于李鸿章那伙兴办实业的人，他不愿表示意见，因为他既不明白实业是什么，又觉得"实业"二字颇为时髦，不便轻易否定。对了，定大爷就是这么样的一个阔少爷，时代潮浪动荡得那么厉害，连他也没法子听而不闻，没法子不改变点老旗人的顽固看法。可是，他的元宝与房产又遮住他的眼睛，使他没法子真能明白点什么。所以，他一阵儿明白，一阵儿胡涂，像个十岁左右、聪明而淘气的孩子。

他只有一个较比具体的主张：想叫大清国强盛起来，必须办教育。为什么要办教育呢？因为识文断字的人多起来，社会上就会变得文雅风流了。到端午、中秋、重阳，大家若是都作些诗，喝点黄酒，有多好呢！哼，那么一来，天下准保太平无事了！从实际上想，假若他捐出一所不大不小的房子作校址，再卖出一所房子购置桌椅板凳，就有了一所学堂啊！这容易作到，只要他肯牺牲那两所房子，便马上会得到毁家兴学的荣誉。

定大爷极细心地听取二哥的陈述，只在必要的地方"啊"一下或"哈"一下。二哥原来有些紧张，看到定大爷这么注意听，他脸上露出真的笑意。他心里说：哼，不亲自到药铺问问，就不会真知道有没有万应锭！心中虽然欢喜，二哥可也没敢加枝添叶，故意刺激定大爷。他心里没底——那个旗人是天之骄子，所向无敌的老底。

二哥说完,定大爷闭上眼,深思。而后,睁开眼,他用细润白胖,大指上戴着个碧绿明润的翡翠扳指的手,轻脆地拍了胖腿一下:"啊!啊?我看你不错,你来给我办学堂吧!"

"啊?"二哥吓了一跳。

"你先别出声,听我说!"定大爷微微有点急切地说:"大清国为什么……啊?"凡是他不愿明说的地方,他便问一声"啊",叫客人去揣摩。"旗人,像你说的那个什么多,啊?去巴结外国人?还不都因为幼而失学,不明白大道理吗?非办学堂不可!非办不可!你就办去吧!我看你很好,你行!哈哈哈!"

"我,我去办学堂?我连学堂是什么样儿都不知道!"二哥是不怕困难的人,可是听见叫他去办学堂,真有点慌了。

定大爷又哈哈地笑了一阵。平日他所接触到的人,没有像二哥这么说话的。不管他说什么,即使是叫他们去挖祖坟,他们也嗻嗻是是地答应着。他们知道,过一会儿他就忘了说过什么,他们也就无须去挖坟了。二哥虽然很精明,可到底和定大爷这样的人不大来往,所以没能沉住了气。定大爷觉得二哥的说话法儿颇为新颖,就仿佛偶然吃一口窝窝头也怪有个意思儿似的。"我看你可靠!可靠的人办什么也行!啊?我找了不是一天啦,什么样的人都有,就是没有可靠的!你就看我那个管家吧,啊?我叫他去买一只小兔儿,他会赚一匹骆驼的钱!哈哈哈!"

"那,为什么不辞掉他呢?"这句话已到唇边,二哥可没敢说出来,省得定大爷又笑一阵。

"啊!我知道你要说什么!我五年前就想辞了他!可是,

他走了,我怎么办呢?怎见得找个新人来,买只小兔,不赚三匹骆驼的钱呢?"

二哥要笑,可是没笑出来;他也不怎么觉得一阵难过。他赶紧把话拉回来:"那,那什么,定大爷,您看王掌柜的事儿怎么办呢?"

"那,他不过是个老山东儿!"

这句话伤了二哥的心。他低下头去,半天没说出话来。

"怎么啦?怎么啦?"定大爷相当急切地问。在他家里,他是个小皇帝。可也正因如此,他有时候觉得寂寞、孤独。他很愿意关心国计民生,以备将来时机一到,大展经纶,像出了茅庐的诸葛亮似的。可是,自幼儿娇生惯养,没离开过庭院与花园,他总以为老米白面,鸡鸭鱼肉,都来自厨房;鲜白藕与酸梅汤什么的都是冰箱里产出来的。他接触不到普通人所遇到的困难与问题。他有点苦闷,觉得孤独。是呀,在家里,一呼百诺;出去探望亲友,还是众星捧月;看见的老是那一些人,听到的老是那一套奉承的话。他渴望见到一些新面孔,交几个真朋友。因此,他很容易把初次见面的人当作宝贝,希望由此而找到些人与人之间的新关系,增加一些人生的新知识。是的,新来上工的花把式或金鱼把式,总是他的新宝贝。有那么三四天,他从早到晚跟着他们学种花或养鱼。可是,他们也和那个管家一样,对他总是那么有礼貌,使他感到难过,感到冷淡。新鲜劲儿一过去,他就不再亲自参加种花和养鱼,而花把式与鱼把式也就默默地操作着,对他连看也不多看一眼,好像不同种的两只鸟儿相遇,谁也不理谁。

这一会儿,二哥成为定大爷的新宝贝。是呀,二哥长得体面，能说会道，既是旗人，又不完全像个旗人——至少是不像管家那样的旗人。哼，那个管家，无论冬夏，老穿着护着脚面的长袍，走路没有一点声音，像个两条腿的大猫似的！

二哥这会儿很为难，怎么办呢？想来想去，嗯，反正定大爷不是他的佐领，得罪了也没太大的关系。实话实说吧："定大爷！不管他是老山东儿，还是老山西儿，他是咱们的人，不该受洋人的欺侮！您，您不恨欺压我们的洋人吗？"说罢，二哥心里痛快了一些，可也知道恐怕这是沙锅砸蒜，一锤子的买卖，不把他轰出去就是好事。

定大爷愣了一会儿：这小伙子，教训我呢，不能受！可是，他忍住了气；这小伙子是新宝贝呀，不该随便就扔掉。"光恨可有什么用呢？啊？咱们得自己先要强啊！"说到这里，定大爷觉得自己就是最要强的人：他不吸鸦片，晓得有个林则徐；他还没作官，所以很清廉；他虽爱花钱，但花的是祖辈留下来的，大爷高兴把钱都打了水漂儿玩，谁也管不着……

"定大爷，您也听说了吧，四外闹义和团哪！"

二哥这么一提，使定大爷有点惊异。他用翡翠扳指蹭了蹭上嘴唇上的黑而软的细毛——他每隔三天刮一次脸。关于较比重大的国事、天下事，他以为只有他自己才配去议论。是呀，事实是这样：他的亲友之中有不少贵人，即使他不去打听，一些紧要消息也会送到他的耳边来。对这些消息，他高兴呢，就想一想；不高兴呢，就由左耳进来，右耳出去。他想一想呢，是关心国家大事；不去想呢，是沉得住气，不见神见鬼。不管怎么说吧，二哥，一个小小的旗兵，不该随便谈论国事。对于各处闹教案,他久有所闻,但没有特别注意,因为闹事的地方离北京相当的远。当亲友中作大官的和他讨论这些事件的时候,在感情上,他和那些满族大员们一样,都很讨厌那些洋人;在理智上,他虽不明说,可是暗中同意那些富贵双全的老爷们的意见:忍口气,可以不伤财。是的,洋人不过是要点便宜,给他们就是了,很简单。至于义和团,谁知道他们会闹出什么饥荒来呢?他必须把二哥顶回去:"听说了,不该闹!你想想,凭些个拿着棍子棒子的乡下佬儿,能打得过洋人吗?啊?啊?"他走到二哥的身前,嘴对着二哥的脑门子,又问了两声:"啊?啊?"

二哥赶紧立起来。定大爷得意地哈哈了一阵。二哥不知道外国到底有多么大的力量,也不晓得大清国到底有多大的力量。最使他难以把定大爷顶回去的是,他自己也不知道自己有多大力量。他只好改变了口风:"定大爷,咱们这一带可就数您德高望重,也只有您肯帮助我们!您要是揣起手儿不管,我们这些小民可找谁去呢?"

定大爷这回是真笑了,所以没出声。"麻烦哪!麻烦!"他轻轻地摇着头。二哥看出这种摇头不过是作派,赶紧再央求:"管管吧!管管吧!"

"可怎么管呢?"

二哥又愣住了。他原想定大爷一出头,就能把教会压下去。看样子,定大爷并不准备那么办。他不由地又想起十成来。是,十成作的对!官儿们不管老百姓的事,老百姓只好自己动手!就是这么一笔账!

"我看哪,"定大爷想起来了,"我看哪,把那个什么牧师约来,我给他一顿饭吃,大概事情也就可以过去了。啊?"

二哥不十分喜欢这个办法。可是，好容易得到这么个结果，他不便再说什么。"那，您就分心吧！"他给定大爷请了个安。他急于告辞。虽然这里的桌椅都是红木的，墙上挂着精裱的名人字画，而且小书童隔不会儿就进来，添水或换茶叶，用的是景德镇细磁盖碗，沏的是顶好的双熏茉莉花茶，他可是觉得身上和心里都很不舒服。首先是，他摸不清定大爷到底是怎么一个人，不知对他说什么才好。他愿意马上走出去，尽管街上是那么乱七八糟，飞起的尘土带着马尿味儿，他会感到舒服，亲切。

可是，定大爷不让他走。他刚要走，定大爷就问出来："你闲着的时候，干点什么？养花？养鱼？玩蛐蛐？"不等二哥回答，他先说下去，也许说养花，也许说养鱼，说着说着，就又岔开，说起他的一对蓝眼睛的白狮子猫来。二哥听得出来，定大爷什么都知道一点，什么可也不真在行。二哥决定只听，不挑错儿，好找机会走出去。

二哥对定大爷所用的语言，也觉得有点奇怪。他自己的话，大致可以分作两种：一种是日常生活中用的，里边有不少土话，歇后语，油漆匠的行话，和旗人惯用的而汉人也懂得的满文词儿。他最喜欢这种话，信口说来，活泼亲切。另一种是交际语言，在见长官或招待贵宾的时候才用。他没有上过朝，只能想象：皇上若是召见他，跟他商议点国家大事，他大概就须用这种话回奏。这种话大致是以云亭大舅的语言为标准，第一要多用些文雅的词儿，如"台甫"，"府上"之类，第二要多用些满文，如"贵牛录"，"几栅栏"等等。在说这种话的时候，吐字要十分清楚，所以顶好有个腔调，并且随时要加入"嚜嚜是是"，毕恭毕敬。二哥不大喜爱这种拿腔作势的语言,每一运用,他就觉得自己是在装蒜。它不亲切。可是,正因为不亲切,才听起来像官腔,像那么回事儿。

定大爷不耍官腔,这叫二哥高兴;定大爷没有三、四品官员的酸味儿。使二哥不大高兴的是:第一,定大爷的口里还有不少好几年前流行而现在已经不大用的土语。这叫他感到不是和一位青年谈话呢。听到那样的土语,他就赶紧看一看对方,似乎怀疑定大爷的年纪。第二,定大爷的话里有不少虽然不算村野,可也不算十分干净的字眼儿。二哥想得出来:定大爷还用着日久年深的土语,是因为不大和中、下层社会接触,或是接触的不及时。他可是想不出,为什么一个官宦之家的,受过教育的子弟,嘴里会不干不净。是不是中等旗人的语言越来越文雅,而高等旗人的嘴里反倒越来越简单,俗俚呢?二哥想不清楚。

更叫他不痛快的是:定大爷的话没头没脑,说着说着金鱼,忽然转到:"你看,赶明儿个我约那个洋人吃饭,是让他进大门呢?还是走后门?"这使二哥很难马上作出妥当的回答。他正在思索,定大爷自己却提出答案:"对,叫他进后门!那,头一招,他就算输给咱们了!告诉你,要讲斗心路儿,红毛儿鬼子可差多了!啊?"

有这么几次大转弯,二哥看清楚:定大爷是把正经事儿搀在闲话儿说,表示自己会于谈笑之中,指挥若定。二哥也看清楚:表面上定大爷很随便,很天真,可是心里并非没有自己的一套办法。这套办法必是从日常接触到的达官贵人那里学来的,似乎有点道理,又似乎很荒唐。二哥很不喜欢这种急转弯,对鬼子进大门还是走后门这类的问题,也不大感觉兴趣。他急于告别,一来是他心里不大舒服,二来是很怕定大爷再提起叫他去办学堂。

十 一

牛牧师接到了请帖。打听明白了定大爷是何等人,他非常兴奋。来自美国,他崇拜阔人。他只尊敬财主,向来不分析财是怎么发的。因此,在他的舅舅发了财之后,若是有人暗示:那个老东西本是个流氓。他便马上反驳:你为什么没有发了财呢?可见你还不如流氓!因此,他拿着那张请帖,老大半天舍不得放下,几乎忘了定禄是个中国人,他所看不起的中国人。这时候,他心中忽然来了一阵民主的热气:黄脸的财主是可以作白脸人的朋友的!同时,他也想起:他须抓住定禄,从而多认识些达官贵人,刺探些重要消息,报告给国内或使馆,提高自己的地位。他赶紧叫仆人给他擦鞋、烫衣服,并找出一本精装的《新旧约全书》,预备送给定大爷。

他不知道定大爷为什么请他吃饭,也不愿多想。眼睛多倒猜出一点来,可是顾不得和牧师讨论。他比牛牧师还更高兴:"牧师!牛牧师!准是翅席哟!准是!嘿!"他咂摸着滋味,大口地咽口水。

眼睛多福至心灵地建议:牛牧师去赴宴,他自己愿当跟班的,头戴红缨官帽,身骑高大而老实的白马,给牧师拿着礼物什么的。他既骑马,牧师当然须坐轿车。"对!牛牧师!

夏葆元　林旭东　插图

我去雇一辆车,准保体面!到了定宅,我去喊:'回事'!您听,我的嗓音儿还像那么一回事吧?"平日,他不敢跟牧师这么随便说话。今天,他看出牧师十分高兴,而自己充当跟随,有可能吃点残汤腊水,或得到两吊钱的赏赐,所以就大胆一些。

"轿车?"牛牧师转了转眼珠。

"轿车!对!"眼睛多不知吉凶如何,赶紧补充:"定大爷出门儿就坐轿车,别叫他小看了牧师!"

"他坐轿车,我就坐大轿!我比他高一等!"

眼睛多没有想到这一招,一时想不出怎么办才好。"那,那,轿子,不,不能随便坐呀!"

"那,你等着瞧!我会叫你们的皇上送给我一乘大轿,八个人抬着!"

"对!牧师!牧师应当是头品官!您可别忘了,您戴上红顶子,可也得给我弄个官衔!我这儿先谢谢牧师啦!"眼睛多规规矩矩地请了个安。

牧师咔咔咔地笑了一阵。

商议了许久,他们最后决定:牧师不坚持坐大轿,眼睛多也不必骑马,只雇一辆体面的骡车就行了。眼睛多见台阶就下,一来是他并没有不从马上掉下来的把握,尽管是一匹很老实的马,二来是若全不让步,惹得牧师推翻全盘计划,干脆连跟班的也不带,他便失去到定宅吃一顿或得点赏钱的机会。

宴会时间是上午十一点。牛牧师本想迟起一些,表示自己并不重视一顿好饭食。可是,他仍然起来得很早,而且加细地刮了脸。他不会去想,到定宅能够看见什么珍贵的字画,或艺术价值很高的陈设。他能够想象得到的是去看看大堆的金锭子、银锞子,和什么价值连城的夜光珠。他非常兴奋,以至把下巴刮破了两块儿。

眼睛多从看街的德二爷那里借来一顶破官帽。帽子太大,戴上以后,一个劲儿在头上打转儿。他很早就来在教堂门外,先把在那儿歇腿的几个乡下人,和几个捡煤核的孩子,都轰了走:"这儿是教堂,站不住脚儿!散散!待会儿洋大人就出来,等着吃洋火腿吗?"看他们散去,他觉得自己的确有些威严,非常高兴。然后,他把牧师的男仆叫了出来:"我说,门口是不是得动动条帚呢?待会儿,牧师出来一看……是吧?"平日,他对男仆非常客气,以便随时要口茶喝什么的,怪方便。现在,他戴上了官帽,要随牧师去赴宴,他觉得男仆理当归他指挥了。男仆一声没出,只对那顶风车似的帽子翻了翻白眼。

十点半,牛牧师已打扮停妥。他有点急躁。在他的小小生活圈子里,穷教友们是他天天必须接触到的。他讨厌他们,鄙视他们,可又非跟他们打交道不可。没有他们,他的饭锅也就砸了。他觉得这是上帝对他的一种惩罚!他羡慕各使馆的那些文武官员,个个扬眉吐气,的确像西洋人的样子。他自己算哪道西洋人呢?他几乎要祷告:叫定大爷成为他的朋友,叫他打入贵人、财主的圈子里去!那,可就有个混头儿了!这时候,他想起许多自幼儿读过的廉价的"文学作品"来。那些作品中所讲的冒险的故事,或一对男女仆人的罗曼司,不能都是假的。是呀,那对仆人结了婚之后才发现男的是东欧的一位公爵,而女的得到一笔极大极大的遗产!是,这不能都是假的!

这时候,眼睛多进来请示,轿车已到,可否前去赴宴?

平时，牧师极看不起眼睛多，可是又不能不仗着他表现自己的大慈大悲，与上帝的无所不知，无所不能。现在，他心中正想着那些廉价的罗曼司，忽然觉得眼睛多确有可爱之处，像一条丑陋而颇通人性的狗那么可笑又可爱。他爱那顶破官帽。他不由地想到：他若有朝一日发了财，就必用许多中国仆人，都穿一种由他设计的服装，都戴红缨帽。他看着那顶破帽子咔咔了好几声。眼睛多受宠若惊，乐得连腿都有点发软，几乎立不住了。

这是秋高气爽的时候，北京的天空特别晴朗可喜。正是十一点来钟，霜气散尽，日光很暖，可小西北风又那么爽利，使人觉得既暖和又舒服。

可惜，那时代的道路很坏：甬路很高，有的地方比便道高着三四尺。甬路下面往往就是臭泥塘。若是在甬路上翻了车，坐车的说不定是摔个半死，还是掉在臭泥里面。甬路较比平坦，可也黑土飞扬，只在过皇上的时候才清水泼街，黄土垫道，干净那么三五个钟头。

眼睛多雇来的轿车相当体面。这是他头一天到车口①上预定的，怕临时抓不着好车。

他恭恭敬敬地拿着那本精装《圣经》，请牧师上车。牛牧师不肯进车厢，愿跨车沿儿。

"牧师！牛牧师！请吧！没有跟班的坐里面，主人反倒跨车沿儿的，那不成体统！"眼睛多诚恳地劝说。

牧师无可如何，只好往车厢里爬。眼睛多拧身跨上车沿，轻巧飘洒，十分得意。给洋人当跟随，满足了他的崇高

---

① 停放车辆以等待顾主的地方。

愿望。

车刚一动，牧师的头与口一齐出了声，头上碰了个大包。原来昨天去定车的时候，几辆车静静地排在一处，眼睛多无从看出来骡子瘸了一条腿。腿不大方便的骡子须费很大的事，才能够迈步前进，而牧师左摇右晃，手足失措，便把头碰在坚硬的地方。

"不要紧！不要紧！"赶车的急忙笑着说："您坐稳点！上了甬路就好啦！别看它有点瘸，走几十里路可不算一回事！还是越走越快，越稳！"

牧师手捂着头，眼睛多赶紧往里边移动，都没说什么。车上了甬路。牧师的腿没法儿安置：开始，他拳着双腿，一手用力拄着车垫子，一手捂着头上；这样支持了一会儿，他试探着伸开一条腿。正在此时，瘸骡子也不怎么忽然往路边上一扭，牧师的腿不由地伸直。眼睛多正得意地用手往上推一推官帽，以便叫路上行人赏识他的面貌，忽然觉得腰眼上挨了一炮弹，或一铁锤。说时迟，那时快，他还没来得及"哎呀"一声，身子已飘然而起，直奔甬路下的泥塘。他想一拧腰，改变飞行的方向，可是恰好落在泥塘的最深处。别无办法，他只好极诚恳地高喊：救命啊！

几个过路的七手八脚地把他拉了上来。牛牧师见车沿已空，赶紧往前补缺。大家仰头一看，不约而同地又把眼睛多扔了回去。他们不高兴搭救洋奴。牛牧师催车夫快走。眼睛多独力挣扎了许久，慢慢地爬了上来，带着满身污泥，手捧官帽，骂骂咧咧地回了家。

定宅门外已经有好几辆很讲究的轿车，骡子也都很体面。定大爷原想叫牧师进后门，提高自己的身份，削减洋人的威风。可是，女眷们一致要求在暗中看看"洋老道"是什么样子。她们不大熟悉牧师这个称呼，而渺茫地知道它与宗教有关，所以创造了"洋老道"这一名词。定大爷觉得这很好玩，所以允许牛牧师进前门。这虽然给了洋人一点面子，可是暗中有人拿他当作大马猴似的看着玩，也就得失平衡，安排得当。

一个十三四岁的小童儿领着牧师往院里走。小童儿年纪虽小，却穿着件扑着脚面的长衫，显出极其老成，在老成之中又有点顽皮。牛牧师的黄眼珠东溜溜，西看看，不由地长吸了一口气。看，迎面是一座很高很长的雕砖的影壁，中间悬着个大木框，框心是朱纸黑字，好大的两个黑字。他不会欣赏那砖雕，也不认识那俩大黑字，只觉得气势非凡，的确是财主住的地方。影壁左右都有门，分明都有院落。

"请！"小童儿的声音不高也不低，毫无感情。说罢，他向左手的门走去。门坎很高，牧师只顾看门上面的雕花，忘了下面。鞋头碰到门坎上，磕去一块皮，颇为不快。

进了二门，有很长的一段甬路，墁①着方砖，边缘上镶着五色的石子，石子儿四围长着些青苔。往左右看，各有月亮门儿。左边的墙头上露着些青青的竹叶。右门里面有座小假山，遮住院内的一切，牛牧师可是听到一阵妇女的笑声。他看了看小童儿，小童儿很老练而顽皮地似乎挤了挤眼，又似乎没有挤了挤眼。

又来到一座门，不很大，而雕刻与漆饰比二门更讲究。进了这道门，左右都是长廊，包着一个宽敞的院子。听不见

---

① 铺。

一点人声,只有正房的廊下悬着一个长方的鸟笼,一只画眉独自在歌唱。靠近北房,有两大株海棠树,挂满了半红的大海棠果。一只长毛的小白猫在树下玩着一根鸡毛,听见脚步声,忽然地不见了。

顺着正房的西北角,小童儿把牧师领到后院。又是一片竹子,竹林旁有个小门。牧师闻到桂花的香味。进了小门,豁然开朗,是一座不小的花园。牛牧师估计,从大门到这里,至少有一里地。迎门,一个汉白玉的座子,上边摆着一块细长而玲珑的太湖石。远处是一座小土山,这里那里安排着一些奇形怪状的石头,给土山添出些棱角。小山上长满了小树与杂花,最高的地方有个茅亭,大概登亭远望,可以看到青青的西山与北山。山前,有个荷花池,大的荷叶都已残破,可是还有几叶刚刚出水,半卷半开。顺着池边的一条很窄,长满青苔的小路走,走到山尽头,在一棵高大的白皮松下,有三间花厅。门外,摆着四大盆桂花,二金二银,正在盛开。

"回事!"小童儿喊了一声。听到里面的一声轻噱,他高打帘栊,请客人进去。然后,他立在大松下,抠弄树上的白皮儿,等候命令。

花厅里的木器一致是楠木色的,蓝与绿是副色。木制的对联,楠木地绿字;匾额,楠木地蓝字。所有的磁器都是青花的。只有一个小瓶里插着两朵红的秋玫瑰花。牛牧师扫了一眼,觉得很失望——没有金盘子银碗!

定大爷正和两位翰林公欣赏一块古砚。见牛牧师进来,他才转身拱手,很响亮地说:"牛牧师!我是定禄!请坐!"牧师还没坐下,主人又说了话:"啊,引见引见,这是林小秋翰林，这是纳雨声翰林，都坐！坐！"

两位翰林，一高一矮，一胖一瘦，一满一汉，都留着稀疏的胡子。汉翰林有点拘束。在拘束之中露出他既不敢拒绝定大爷的约请，又实在不高兴与洋牧师同席。满翰林是个矮胖子，他的祖先曾征服了全中国，而他自己又吸收了那么多的汉族文化，以至当上翰林，所以不像汉翰林那么拘束。他觉得自己是天之骄子，他的才华足以应付一切人，一切事。一切人，包括着白脸蓝眼珠的，都天生来的比他低着一等或好几等。他不知道世界列强的真情实况，可的确知道外国的枪炮很厉害，所以有点怕洋鬼子。不过，洋鬼子毕竟是洋鬼子，无论怎么厉害也是野人，只要让着他们一点，客气一点，也就可以相安无事了。不幸，非短兵相接，打交手仗不可，他也能在畏惧之中想出对策。他直看牛牧师的腿，要证实鬼子腿，像有些人说的那样，确是直的。假若他们都是直腿，一倒下就再也起不来，那便好办了——只须用长竹竿捅他们的磕膝，弄倒他们，就可以像捉仰卧的甲虫那样，从从容容地捉活的就是了。牛牧师的腿并不像两根小柱子。翰林有点失望，只好再欣赏那块古砚。

"贵国的砚台，以哪种石头为最好呢？"纳雨声翰林为表示自己不怕外国人，这样发问。

牛牧师想了想，没法儿回答，只好咔咔了两声。笑完，居然想起一句："这块值多少钱？"

"珍秀斋刚送来，要八十两，还没给价儿。雨翁说，值多少？"定大爷一边回答牧师，一边问纳翰林。

"给五十两吧，值！"纳雨翁怕冷淡了林小秋，补上一句，"秋翁说呢？"

秋翁知道，他自己若去买，十两银子包管买到手，可是不便给旗官儿省钱，于是只点了点头。

牛牧师的鼻子上出了些细汗珠儿。他觉得自己完全走错了路。看，这里的人竟自肯花五十两买一块破石头！他为什么不早找个门路，到这里来，而跟眼睛多那些穷光蛋们瞎混呢？他须下决心，和这群人拉拢拉拢，即使是卑躬屈膝也好！等把钱拿到手，再跟他们瞪眼，也还不迟！他决定现在就开始讨他们的喜欢！正在这么盘算，他听见一声不很大而轻脆的响声。他偷眼往里间看，一僧一道正在窗前下围棋呢。他们聚精会神地看着棋盘，似乎丝毫没理会他的光临。

那和尚有五十多岁，虽然只穿件灰布大领僧衣，可是气度不凡：头剃得极光，脑门儿极亮，脸上没有一丝五十多岁人所应有的皱纹。那位道士的道袍道冠都很讲究，脸色黄黄的，静中透亮，好像不过五十来岁，可是一部胡须很美很长，完全白了。

牛牧师不由地生了气。他，和他的亲友一样，知道除了自己所信奉的，没有，也不应当有，任何配称为宗教的宗教。这包括着犹太教、天主教。至于佛教、道教……更根本全是邪魔外道，理当消灭！现在，定大爷竟敢约来僧道陪他吃饭，分明是戏弄他，否定他的上帝！他想牺牲那顿好饭食，马上告辞，叫他们下不来台。

一个小丫环托着个福建漆的蓝色小盘进来，盘上放着个青花磁盖碗。她低着头，轻轻把盖碗放在他身旁的小几上，轻俏地走出去。

他掀开了盖碗的盖儿，碗里边浮动着几片很绿很长的茶叶。他喝惯了加糖加奶的稠嘟嘟的红茶，不晓得这种清茶有什么好处。他觉得别扭,更想告辞了。

"回事!"小童在外边喊了一声。

两位喇嘛紧跟着走进来。他们满面红光,满身绸缎,还戴着绣花的荷包与褡裢,通体光彩照人。

牛牧师更坐不住了。他不止生气,而且有点害怕——是不是这些邪魔外道要跟他辩论教义呢?假若是那样,他怎么办呢?他的那点学问只能吓唬眼睛多,他自己知道!

一位喇嘛胖胖的,说话声音很低,嘴角上老挂着笑意,看起来颇有些修养。另一位,说话声音很高,非常活泼,进门就嚷:"定大爷!我待会儿唱几句《辕门斩子》[①],您听听!"

"那好哇!"定大爷眉飞色舞地说:"我来焦赞,怎样?啊,好!先吃饭吧!"他向门外喊:"来呀!开饭!"

小童儿在园内回答:"嗻!全齐啦!"

"请!请!"定大爷对客人们说。

牛牧师听到开饭,也不怎么怒气全消,绝对不想告辞了。他决定抢先走,把僧、道、喇嘛,和翰林,都撂在后边。可是,定大爷说了话:"不让啊,李方丈岁数最大,请!"

那位白胡子道士,只略露出一点点谦让的神气,便慢慢往外走,小童儿忙进来搀扶。定大爷笑着说:"老方丈已经九十八了,还这么硬朗!"

这叫牛牧师吃了一惊,可也更相信道士必定有什么妖术

[①] 传统戏剧,演杨六郎严正军法,欲斩其子杨宗保的故事。焦赞为该剧中的人物。

邪法，可以长生不老。

和尚没等让，就随着道士走。定大爷也介绍了一下："月朗大师，学问好，修持好，琴棋书画无一不佳！"

牛牧师心里想：这顿饭大概不容易吃！他正这么想，两位翰林和两位喇嘛都走了出去。牛牧师皱了皱眉，定大爷面有得色。牛牧师刚要走，定大爷往前赶了一步："我领路！"牛牧师真想踢他一脚，可是又舍不得那顿饭，只好作了殿军。

酒席设在离花厅不远的一个圆亭里。它原来是亭子，后来才安上玻璃窗，改成暖阁。定大爷在每次大发脾气之后，就到这里来陶真养性。假若尚有余怒，他可以顺手摔几件小东西。这里的陈设都是洋式的，洋钟、洋灯、洋磁人儿……地上铺着洋地毯。

载《人民文学》1979年3月至5月号

*　　　*　　　*　　　*

本篇是作者的一部自传体长篇小说（未完）。

正红旗，清代八旗之一。作者隶属"满洲八旗"的"正红旗"，小说因此而得名。

——编者

小型的复活

"二十三,罗成关。"

二十三岁那一年的确是我的一关,几乎没有闯过去。

从生理上,心理上,和什么什么理上看,这句俗话确是个值得注意的警告。据一位学病理学的朋友告诉我:从十八到二十五岁这一段,最应当注意抵抗肺痨。事实上,不少人在二十三岁左右正忙着大学毕业考试,同时眼睛瞄着毕业即失业那个鬼影儿;两气夹攻,身体上精神上都难悠悠自得,肺病自不会不乘虚而入。

放下大学生不提,一般的来说,过了二十一岁,自然要开始收起小孩子气而想变成个大人了;有好些二十二三岁的小伙子留下小胡子玩玩,过一两星期再剃了去,即是一证。在这期间,事情得意呢,便免不得要尝尝一向认为是禁果的那些玩艺儿;既不再自居为小孩子,就该老声老气的干些老人们所玩的风流事儿了。钱是自己挣的,不花出去岂不心中闹得慌。吃烟喝酒,与穿上绸子裤褂,还都是小事;嫖嫖赌赌,才真够得上大人味儿。要是事情不得意呢,抑郁牢骚,此其时也,亦能损及健康。老实一点的人儿,即使事情得意,而又不肯瞎闹,也总会想到找个女郎,过过恋爱生活,虽然老实,到底年轻沉不住气,遇上以恋爱为游戏的女子,结婚是一堆痛苦,失恋便许自杀。反之,天下有欠太平,顾不及来想自己，杀身成仁不甘落后，战场上的血多是这般人身上的。

可惜没有一套统计表来帮忙，我只好说就我个人的观察，这个"罗成关论"，是可以立得住的。就近取譬，我至少可以抬出自己作证，虽说不上什么"科学的"，但到底也不失"有这么一回"的价值。

二十三岁那年，我自己的事情，以报酬来讲，不算十分的坏。每月我可以拿到一百多块钱。十六七年前的一百块是可以当现在二百块用的；那时候还能花十五个小铜子就吃顿饱饭。我记得：一份肉丝炒三个油撕火烧，一碗馄饨带沃两个鸡子，不过是十一二个铜子就可以开付；要是预备好十五枚作饭费，那就颇可以弄一壶白干儿喝喝了。

自然那时候的中交钞票是一块当作几角用的，而月月的薪水永远不能一次拿到，于是化整为零与化圆为角的办法使我往往须当一两票当才能过得去。若是痛痛快快的发钱，而钱又是一律现洋，我想我或者早已成个"阔老"了。

无论怎么说吧，一百多圆的薪水总没教我遇到极大的困难；当了当再赎出来，正合"裕民富国"之道，我也说不悦不怨。每逢拿到几成薪水，我便回家给母亲送一点钱去。由家里出来，我总感到世界上非常的空寂，非掏出点钱去不能把自己快乐的与世界上的某个角落发生关系。于是我去看戏，逛公园，喝酒，买"大喜"烟吃。因为看戏有了瘾，我更进一步去和友人们学几句，赶到酒酣耳热的时节，我也能喊两嗓子；好歹不管，喊喊总是痛快的。酒量不大，而颇好喝，凑上二三知己，便要上几斤；喝到大家都舌短的时候，才正爱说话，说得爽快亲热，真露出点燕赵多慷慨悲歌之士

小型的复活　　方成　插图

的气概来。这的确值得记住的。喝醉归来，有时候把钱包手绢一齐交给洋车夫给保存着，第二日醒过来，于伤心中仍略有豪放不羁之感。

也学会了打牌。到如今我醒悟过来，我永远成不了牌油子。我不肯费心去算计，而完全浪漫的把胜负交与运气。我不看"地"上的牌，也不看上下家放的张儿，我只想象的希望来了好张子便成了清一色或是大三元。结果是回回一败涂地。认识了这一个缺欠以后，对牌便没有多大瘾了，打不打都可以；可是，在那时候我决不承认自己的牌臭，只要有人张罗，我便坐下了。

我想不起一件事比打牌更有害处的。喝多了酒可以受伤，但是刚醉过了，谁都不会马上再去饮，除非是借酒自杀的。打牌可就不然了，明知有害，还要往下干，有一个人说"再接着来"，谁便也舍不得走。在这时候，人好像已被那些小块块们给迷住，冷热饥饱都不去管，把一切卫生常识全抛在一边。越打越多吃烟喝茶，越输越往上撞火。鸡鸣了，手心发热，脑子发晕，可是谁也不肯不舍命陪君子。打一通夜的麻雀，我深信，比害一场小病的损失还要大得多。但是，年轻气盛，谁管这一套呢！

我只是不嫖。无论是多么好的朋友拉我去，我没有答应过一回。我好像是保留着这么一点，以便自解自慰；什么我都可以点头，就是不能再往"那里"去；只有这样，当清夜扪心自问的时候才不至于把自己整个的放在荒唐鬼之群里边去。

可是，烟，酒，麻雀，已足使我瘦弱，痰中往往带着点血！

那时候,婚姻自由的理论刚刚被青年们认为是救世的福音,而母亲暗中给我定了亲事。为退婚,我着了很大的急。既要非作个新人物不可,又恐太伤了母亲的心,左右为难,心就绕成了一个小疙瘩。婚约到底是废除了,可是我得到了很重的病。

病的初起,我只觉得浑身发僵。洗澡,不出汗;满街去跑,不出汗。我知道要不妙。两三天下去,我服了一些成药,无效。夜间,我作了个怪梦,梦见我仿佛是已死去,可是清清楚楚的听见大家的哭声。第二天清晨,我回了家,到家便起不来了。

"先生"是位太医院的,给我下得什么药,我不晓得,我已昏迷不醒,不晓得要药方来看。等我又能下了地,我的头发已全体与我脱离关系,头光得像个磁球。半年以后,我还不敢对人脱帽,帽下空空如也。

经过这一场病,我开始检讨自己:那些嗜好必须戒除,从此要格外小心,这不是玩的!

可是,到底为什么要学这些恶嗜好呢?啊,原来是因为月间有百十块的进项,而工作又十分清闲。那么,打算要不去胡闹,必定先有些正经事作;清闲而报酬优的事情只能毁了自己。

恰巧,这时候我的上司申斥了我一顿。我便辞了差。有的人说我太负气,有的人说我被迫不能不辞职,我都不去管。我去找了个教书的地方,一月挣五十块钱。在金钱上,不用说,我受了很大的损失;在劳力上自然也要多受好多的累。可是,我很快活;我又摸着了书本,一天到晚接触的都是可爱的学生们。除了还吸烟,我把别的嗜好全自自然然的放下了。挣的钱少。作的事多,不肯花钱,也没闲工夫去花。一气便是半年,我没吃醉过一回,没摸过一次牌。累了,在校园转一转,或到运动场外看学生们打球,我的活动完全在学校里,心整,生活有规律;设若再能把烟卷扔下,而多上几次礼拜堂,我颇可以成个清教徒了。

想起来,我能活到现在,而且生活老多少有些规律,差不多全是那一"关"的劳;自然,那回要是没能走过来,可就似乎有些不妥了。"二十三,罗成关"是个值得注意的警告!

自传难写

　　自古道：今儿个晚上脱了鞋，不知明日穿不穿；天有不测的风云啊！为留名千古，似应早早写下自传；自己不传，而等别人偏劳，谈何容易！以我自己说吧，眼看就快四十了，万一在最近的将来有个山高水远，还没写下自传，岂不是大大的一个缺憾?!

　　可是，说起来就有点难受。自传不难哪，自要有好材料。材料好办；"好材料"，哼，难！自传的头一章是不是应当叙说家庭族系等等？自然是。人由何处生，水从哪儿来，总得说个分明。依写传的惯例说，得略述五千年前的祖宗是纯粹"国种"，然后详道上三辈的官衔，功德，与著作。至少也得来个"清封大夫"的父亲，与"出自名门"的母亲。没有这么适合体裁的双亲，写出去岂不叫人笑掉门牙！您看，这一招儿就把咱撅个对头弯；咱没有这种父母，而且准知道五千年前的祖宗不见得比我高明。好意思大书特书"清封普罗大夫"，与"出自不名之门"么？就是有这个勇气，也危险呀：普罗大夫之子共党耳，推出斩首，岂不糟了?! 英雄不怕出身低，可也得先变成英雄啊。汉刘邦是小小的亭长，淮阴侯也讨过饭吃，可是人家都成了英雄，自然有人捧场喝彩。咱是不是英雄？对镜审查，不大像！

　　自传的头一章根本没着落。

再说第二章吧。这儿应说怎么降生：怎么在胎中多住了三个多月，怎么产房闹妖精，怎么天上落星星，怎么生下来啼声如豹，怎么左手拿着块现洋……我细问过母亲，这些事一概没有。母亲只说：生下来奶不足，常贴吃糕干——所以到如今还有时候一阵阵的发糊涂。

第二章又可以休矣。

第三章得说幼年入学的光景喽。"幼怀大志，寡言笑，囊萤刺股……"这多么好听！可是咱呢，不记得有过大志，而是见别人吃糖馅烧饼就馋得慌——到如今也没完全改掉。逃学的事倒不常干。而挨手板与罚跪说起来似乎并不光荣。第三章，即使勉强写出，也不体面。

没有前三章，只好由第四章写了，先不管有这样的书没有。这一章应写青春时期。更难下笔。假如专为泄气，又何必自传；当然得吹腾着点儿。事情就奇怪，想吹都吹不起来。人家牛顿先生看苹果落地就想起那么多典故来，我看见苹果落地——不，不等它落地就摘下来往嘴里送。青春时期如此，现在也没长进多少，不但没作过惊天动地的事，而且没有存过惊天动地的心。偶尔大喊一声，天并不惊；跺地两脚，地也不动。第四章又是溏心的炸弹，没响儿！

以下就不用说了，伤心！

自传呢，下世再说。好在马上为善，或者还不太晚，多积点阴功，下辈子咱也生在贵族之家，专是自传的第一章就能写八万字。气死无数小布尔乔亚。等着吧，这个事是急不得的。

载 1934 年 1 月《大众画报》第三期

自传难写　　丁聪　插图

自拟小传

舒舍予,字老舍,现年四十岁,面黄无须。生于北平,三岁失怙,可谓无父。志学之年,帝王不存,可谓无君。无父无君,特别孝爱老母,布尔乔亚之仁未能一扫空也。幼读三百千,不求甚解。继学师范,遂奠教书匠之基。及壮,糊口四方,教书为业,甚难发财;每购奖券,以得末彩为荣,示甘于寒贱也。二十七岁,发愤著书,科学哲学无所懂,故写小说,博大家一笑,没什么了不得。三十四岁结婚,今已有一女一男,均狡猾可喜。闲时喜养花,不得其法,每每有叶无花,亦不忍弃。书无所不读,全无所获,并不着急。教书作事,均甚认真,往往吃亏,亦不后悔。如是而已,再活四十年也许能有点出息!

著有:《老张的哲学》,《赵子曰》,《二马》,《小坡的生日》,《猫城记》,《离婚》,《赶集》,《牛天赐传》,《樱海集》,《蛤藻集》,《骆驼祥子》,《火车集》,皆小说也。当继续再写八本,凑成二十本,可以搁笔矣。散碎文字,随写随扔;偶搜汇成集,如《老舍幽默诗文集》及《老牛破车》,亦不重视之。

载1938年2月1日《宇宙风》第六十期

小人物自述

一

假若人类确是由猴子变来的,像一些聪明人有板有眼的那么讲说,我以为在介绍我自己的时候,就无须乎先搬出家谱来了。

干脆的说吧,我姓王,名叫一成。我不敢说我喜欢这个姓,也不敢说一定讨厌它。人既必须有个姓,那么我碰上哪个就是哪个吧。再说呢,张王李赵几乎可以算作四大标准姓,将来政府施行姓氏统制的时候——我相信会有这么一天的——大概我还可以省去改姓的麻烦,这无论怎说也得算一点好处。至于我的名字,我倒常想把成数加高一些,即使不便自居"十成",反正也须来个六七成吧。不过呢,据说这个名字是父亲给起的,而且我们父子的关系好像只有这一点——因为在我活到十一个月的时候,他便死去了——那么,设若我冒然的改了名字,岂不把这点关系也打断,倒好似我根本没有过父亲么?好吧,假若用好字眼遮掩起坏心眼是件不十分对的事,我便老实的承认自己的藐小,只弄一成生命敷衍过去这一辈子吧。容或父亲,在给我起这个名字的时节,是另有心思的,比如说希望我成个什么专门家,明一经通一史,或有份专门的技艺;可是,我无从去探问这个,他既是死得那么早。我曾屡屡的问过母亲,她,连她,也一点不晓得父亲的心意。这几乎成了宇宙间小小的一个谜。即使我嫌它的成数过少,把生命打了很低的折扣,我也不肯轻易换掉它,唯恐破坏了那点神秘性。

是的,我的确是藐小。就拿我降生时的情形说吧,我没有一点什么主张与宣传,要不是我大姐从婆家赶回来,几乎没人知道王家又多了一个男孩,更不用说增光耀祖什么的了。

那时候,大姐已经出嫁,而且有了个女小孩。我倒不因为生下来便可以作舅舅而感谢大姐,虽然这是件值得自傲的事。我感谢她,因为她是头一个人发现了我,而把我揣在怀中的。要不是她,十之八九我想我是活不成了的,不管我是怎样的贪生怕死。

事实是这样的:父亲在外作生意,哥哥已去学徒,家中只有母亲和小姐姐。东屋的邻居关二大妈是满好而颇肥胖的,但是耳朵聋得像块碌碡似的。已寡的姑母是和我们住在一处的,她白天可不常在家,总到东邻西舍去摸索儿胡,有时候连晚饭也不回来吃。

母亲一定是愿意生个"老"儿子的;可是,大概也想到了长女已经出嫁,生了娃娃,似乎有点怪不好意思,所以谁也不肯惊动,只教小姐姐请了老娘婆来。那是腊月中旬,天冷得好像连空气也冻上了似的——谁要说我缺乏着点热情,应当晓得我初次和世界会面的时节,世界就是那么寒冷无情的。

正是日落的时候,我的细弱啼声在屋中宣读着生命的简单而委屈的小引言。生命的开始是多么寒伧呢!

我哭啼,母亲背过气去。小姐姐的哭声压过了我的去。她不知怎样才好,只双手捂着脸哭。无疑的,她是喜爱小弟弟的,可是在那生死不大分明的黄昏时节,也无疑的她更爱妈妈;所以,她简直没搭理我。我生下来活不活几乎是不成个问题,她只想用眼泪给母亲救活了。我到如今也未曾讥讽过她一句,说她只爱妈妈而不爱弟弟,因为我一到懂得爱妈妈的年纪,我也是老把妈妈当作我一个人的那么爱着。

正在这个时候,关二大妈来到了外间屋,掀开布帘向里间屋打了一眼。不知是怎么一股子巧劲儿,她一口咬定,说母亲是中了煤气。别人的话是没用的,她听不见。因此,她也就不和任何人辩论,而简当的凭着良心该干什么便干什么去。她闹哄着去找酸菜汤,又是去找解毒散;这些都没找到,她只由抽屉里翻出几个干红枣,放了炉口上,据说这是能吸收煤气的。

这点十分真诚而毫无用处的热心使小姐姐哭得更厉害了。

"没事儿干吗又号丧?!丫头片子!"窗外喝了这么一声,姑母摸够了四五把儿牌,大概还输了几吊铜钱,进门儿便没好脾气。

小姐姐虽然一向怕姑母,可是大胆的迎了出去,一头扎在她的身上:"妈妈断了气!"

"啊?干吗无缘无故的断了气?我说今儿个丧气,果不其然的处处出岔子!扣叫儿的么四万会胡不出来,临完还输给人家一把九莲灯!"姑母是我们家中的霸王,除非父亲真急了敢和她顶几句，其余的人对她是连眼皮也不敢往高里翻一翻的。

"妈妈生了小孩！"小姐姐居然敢拉住了姑母的手，往屋里领。

"啊！孩子还不够数儿！添多少才算完呢？"姑母有过两个孩子，据她自己的评判，都是天下最俊秀的娃娃，在哪里再也找不出对儿来。特别是那个名叫拴子的，在一岁半的时候便什么也会说，什么事儿也懂，头上梳着，啊哟，这么长，这么粗的一个大甜锥锥。姑母要是和些老太太们凑索儿胡，拴子就能在炕上玩一天，连口大气也不出。不过，可惜的是有一天拴子一口大气也没出就死了，多么乖呢！拴子没拴住，拴子的妹妹——眼睛就好比两汪儿雨水似的！——也没好意思多活几年。所以，姑母老觉得别人的孩子活着有点奇怪，而且对生儿养女的消息得马虎过去就马虎过去，省得又想起那梳着甜锥锥的宝贝儿来。

可也别说，姑母抽冷子也有点热心肠，也能出人意外的落几点同情的泪，教人家在感激她的时候都不大想说她的好话。小姐姐一拉她的手，她的心软了起来："你爸爸呢？"

"没回来！"

"嗯！"姑母一手拉着屋门，一手拉着小姐姐，想了一会儿："去！叫你姐姐去！快！"

小姐姐揉着眼，像疯了似的跑出去。

据关二大妈后来对我说故事似的细批细讲：姑母进到屋中，一个嘴巴把收生婆打到院中去，回手把炉口上的几个红枣全搂在火里，然后掏出些铜钱来摆在桌上算账，大概是细算算一共输了多少钱。她并没有往炕上看一眼！要不然关二大妈也就不会坚持着说母亲是中了煤气了。

大概那时候我要是有什么主意,那一定就是盼着大姐姐快来。她来到,叫了一声"妈",顺手儿便把我揣了起来,她的眼泪都落在我的拳头大的脸儿上。我几乎要了母亲的命,而姐姐用她的泪给我施了入世的洗礼。

三小时后,母亲才又睁开了眼。

后来,每当大姐姐和小姐姐斗嘴玩的时节,大姐姐总说小姐姐顾妈不顾弟弟,小姐姐却说大姐姐顾弟弟不顾妈。母亲看看她俩,看看我,不说什么,只微微一笑,泪在眼眶里。这时候,姑母必定揪过我去:"要不是我出主意找姐姐去,你也活到今儿个?"她说完,看着大家,看明白大家的眼神完全承认她的话,才找补上一声"啊"!然后,右手极快的伸进和白面口袋一样宽的袖子,掏出个铜子儿来,放在我的手心上:"臭小子,哼!"

二

我一点不能自立:是活下去好呢?还是死了好呢?我还不如那么一只小黄绒鸡。它从蛋壳里一钻出来便会在阳光下抖一抖小翅膀,而后在地上与墙角,寻些可以咽下去的小颗粒。我什么也不会,我生我死须完全听着别人的;饿了,我只知道啼哭,最具体的办法不过是流泪!我只求一饱,可是母亲没有奶给我吃。她的乳房软软的贴在胸前,乳头只是两个不体面而抽抽着的黑葡萄,没有一点浆汁。怎样呢,我饿呀!母亲和小姐姐只去用个小沙锅熬一点浆糊,加上些糕干面,填在我的小红嘴里。代乳粉与鲜牛乳,在那不大文明的时代还都不时兴;就是容易找到,家中也没有那么多的钱为我花。浆糊的力量只足以消极的使我一时不至断气,它不能教我身上那一层红软的皮儿离开骨头。我连哭都哭不出壮烈的声儿来。

假如我能自主,我一定不愿意长久这么敷衍下去,虽然有点对不起母亲,可是这样的苟且偷生怎能对得起生命呢?

自然母亲是不亏心的。她想尽了方法使我饱暖。至于我到底还是不饱不暖,她比任何人,甚至于比我自己,都更关心着急,可是她想不出好的方法来。她只能偎着我的瘦脸,含着泪向我说:"你不会投生到个好地方去吗?"然后她用力的连连吻我,吻得我出不来气,母子的瘦脸上都显出一点很难见到的血色。

"七坐八爬"。但是我到七个月不会坐,八个月也不会爬。我很老实,仿佛是我活到七八月之间已经领略透了生命的滋味,已经晓得忍耐与敷衍。除了小姐姐把我扯起来趔趄着的时候,我轻易也不笑一笑。我的青黄的小脸上几乎是带出由隐忍而傲慢的神气,所以也难怪姑母总说我是个"姥姥不疼,舅舅不爱的小东西"。

我猜想着,我那个时候一定不会很体面。虽然母亲总是说我小时候怎么俊,怎么白净,可是我始终不敢深信。母亲眼中要是有了丑儿女,人类即使不灭绝,大概也得减少去好多好多吧。当我七八岁的时候,每逢大姐丈来看我们,他必定要看看我的"小蚕"。看完了,他仿佛很放心了似的,咬着舌儿说——他是个很漂亮的人,可惜就是有点咬舌儿——"哼,老二行了;当初,也就是豌豆那么点儿!"我很不爱听这个,就是小一点吧,也不至于与豌豆为伍啊!可是,恐怕这倒比母亲的夸赞更真实一些,我的瘦弱丑陋是无可否认的。

每逢看见一条癞狗,骨头全要支到皮外,皮上很吝啬的附着几根毛,像写意山水上的草儿那么稀疏,我就要问:你干吗活着?你怎样活着?这点关切一定不出于轻蔑,而是出于同病相怜。在这条可怜的活东西身上我看见自己的影子。我当初干吗活着?怎样活着来的?和这条狗一样,得不到任何回答,只是默然的感到一些迷惘,一些恐怖,一些无可形容的忧郁,是的,我的过去——记得的,听说的,似记得又似忘掉的——是那么黑的一片,我不知是怎样摸索着走出来的。走出来,并无可欣喜;想起来,却在悲苦之中稍微有一点爱恋;把这点爱恋设若也减除了去,那简直的连现在的生活也是多余,没有一点意义了。

简单的说吧,我就是那么皮包着骨,懈懈松松的,活起来的,很像个空室里的臭虫,饥寒似乎都失去了杀死生命的能力,无可如何它。这也许就是生命的力量吧?

快到一周年了,我忽然的振作起来。父亲死在了外乡。哥哥太小,不能去接灵;姑母与母亲,一对新旧的寡妇,也没法子出去。路途的遥远,交通的不便,金钱的困难,又把托朋友或亲戚给办理的希望打断。母亲与小姐姐的眼都哭得几乎不能再睁开。就是正在这个时节,我振作起来:穿着件二尺来长的孝袍,我昼夜的啼哭,没有眼泪,只是不住的干嚎。

一两天下去，母亲，姑母，与小姐姐，都顾不得再哭父亲，她们都看着我，抱着我，勉强的笑着逗我玩，似乎必须得先把我逗笑了，她们才好安心的去痛哭父亲。我的啼声使她们心焦，使她们莫名其妙的恐惶不安，好像我若不停住哭声，就必有一些更大的灾难将要来到这个已够阴暗的家庭里。姑母，那么有脾气，好安适，居然在半夜起来抱着我，颠弄着在屋中走遛儿。桌上一盏菜油灯，发着点略带鬼气的光儿，小姐姐披着被子在炕上坐着，呆呆的看着墙上的黑影，看一会，揉一揉红肿着的眼。"妞子，睡吧！"姑母温和的劝说。小姐姐摇了一摇头，发辣的眼睛又湿了一次。姑母抱着我，母亲立在屋角，时时掀起衣襟擦着眼睛。我还是哭，嚎，瘦小的脸儿涨紫，窄胸脯儿似乎要爆炸开，生命仿佛只是一股怨气，要一下儿炸裂，把那细细的几根嫩骨都散碎在姑母的怀中。姑母一会儿耐性的逗我，一会儿焦躁的叫骂，一会儿向我说长道短的讲理，一会儿连我的父亲也骂在内。没有任何效果。最后，她把我扔给母亲，跑回自己的屋中数数唠唠的骂了一阵，而后又擦着泪跑回来："还把他交给我吧！"

小而零碎的方法用尽。而困难依旧在眼前，那就非往大处想一想不可了。舅舅家的二哥，与大姐姐，都被请了来，商议个妥当的办法。二哥是最有热心肠的人，而且是这个场面中唯一的男子，当然他的话最有力量，不管他的意见是怎样的不高明。他主张去接父亲的灵，因为我的不合情理的哭嚎，一定是看见了鬼，小孩眼净，而无所归依的孤魂是不会不找到家中来的。假如能凑出一点钱来，他情愿跑上一趟，哪怕是背着呢，他也愿意把尸身背回来，安葬在祖茔里。

他的理由，他的热烈，都使大家点着头落泪；假若能凑出钱来，他的话是没有一句可驳回的。不过，哪儿凑钱去呢？姑母手里有一点积蓄，而且为这件事也肯拿出来。母亲可是不能接受，把这点钱用了，指着什么还补上呢？即使不用偿还，我们可有养活姑母的能力没有呢？不能这么办，无论姑母是怎样的热诚与义气。大姐姐的家中也还过得去，她愿意向公婆去说。母亲又摇了头：这笔钱，不管是借谁的，是只能用而不能还的；那么，怎能教女儿受公婆一辈子的闲话呢。此外，别无办法，连二哥也是从手到口，现挣现吃的人。谁能狠心的把丈夫的尸身抛在异乡呢，若是但分有主意可想的话。母亲可是横了心，她的泪并没有浸软了她的刚强，她只恨自己是个妇道，不能亲自把丈夫背负了回来；至于为这件事而使别人跟着吃累，说什么她也不能点头。在她的心要碎的时节，她会把牙咬紧。

于是，二哥又出了次好的主意，灵若是可以暂时不接，至少家中得请几个僧人来念一台经，超度超度，世界上没有比这个再好的方法了，因为这能不费很多的周折就办到；大家在凄凉之中感到一点轻松与安慰。据母亲的意思呢，只须请五个和尚——因为这是个起码的数目——接个光头儿三就行了。这就是说，和尚傍天黑的时候来到，打打法器，念上几句，而后随着纸人纸马去到空场；纸东西燃着，法器停响，和尚们就不用再回来；省事省钱，而法器的响动——据母亲看——即使不能安慰孤魂，也总可以镇吓住它不再来惊吓将到周岁的小宝宝。苦人的正气是需要一点狠心维持着的，母亲是想独自办了这件事，不求任何人来帮忙。

姑母与大姐当然是不能赞同的，大姐姐以为糊烧活必定是她的事,以一个出了嫁的女儿来看,这点孝心不但是义务,也是权利,别人是没法抢劫了去的。姑母呢,就着事情自然的程序,把和尚扩充到七名,而且是必须念一整夜的经。死了的是她的弟弟,无论怎样也不能只用法器惊动一下的。

于是,大姐姐给糊来一份儿很体面的车马,二哥七拼八凑的献了一桌祭席,姑母监视着七位僧人念了一台经,母亲给僧人们预备的素菜与柳叶儿汤。当送出烧活的时候,二哥搀领着哥哥,小姐姐抱着我,全胡同的邻居都笑着出来看热闹,而抹着泪走进街门去。

回来,我便睡在小姐姐的怀中,再也不哭嚎了。

到夜里三点多钟,和尚们念到"召请":正座儿戴起目莲僧式的花帽,一手掐诀,一手摇着集魂铃,然后用掐过诀的手指抓起些小面球向前面扔去,意思是打走那些冤魂怨鬼,而单让父亲平安无阻的去参见阎王。小姐姐哆嗦着,一手捂着眼,一手在地上摸,拾起些这避邪壮胆的小面球,留给我吃。

小面球必定是很灵验的,因为我再也不见神见鬼的瞎闹。直到我二十多岁,这点"坡"派风味的故事还被亲友们记忆着,他们都晓得我能看见鬼,我的眼必是与常人的大不相同,我见了鬼还能不怕,因为曾在幼小的时期尝过那带有佛法的面球儿。有一回,一位在东洋学过化学而善于拘鬼的人,请我去参观他所召集的鬼群,不知怎的,我连个鬼毛儿也没看到。不知是他的法术欠佳,还是因为我的眼睛近视了一些,到如今这还是个值得研究的问题。

三

当母亲与姑母讨论是否去接灵的时候,她们心中都隐藏着一点不愿说出来的话。我们有不动产,就是我们住着的那所破房,房子无论怎么破,契纸总是庄严而完整的,盖着衙门里的大红印。指着这份契纸,无疑的我们是可以借到一些钱的。这个,她们都晓得。

可是,母亲等着姑母先出这个主意,因为在买房的时节,父亲与姑母是合股出的钱,虽然契纸是落在父亲的名下。姑母呢,不愿出这样的绝户主意。她知道,借了款就没法还上,那么到时候人家再找过一点钱来,房子便算人家的了。不错,房子一半是她的,可是自从她一守寡,便吃着弟弟,受弟妇的服侍;她愿意把这点产业留给内侄们,才能在死去的时候心里不至于太不舒服了。所以,她一声没出。

姑母既不言语,母亲就更不便于多嘴。她看得非常的清楚,此后的生活是要仗她自己维持了。怎样去维持?她还没想好。不过,责任是没法不往自己身上叫过来的。那么,先有几间破房住着,哪怕是一家大小挨饿呢,总还不至于马上到街上去出丑。关上两扇破门,墙儿外的人是无从看见我们的泪容的。为教儿女们住在屋里,便只好把丈夫的尸骨扔在异乡,狠辣的手段出自慈善的心肠,寒家是没有什么浪漫史的。

我便在这所破房子里生长起来。这是所敞亮而没有样子的房子，院子东西长，南北窄，地势很洼，每逢下了大雨，院中便积满了水，很像一条运河。北屋三间，有两个门；我们住两间，姑母住一间，各走各的门。东屋两间，租给关二大妈和她的学油漆匠的儿子住着。她的耳朵极聋，她的眼睛很大，也许是因为她老听不见话，所以急得她常瞪着眼吧。东屋的背后是小小的厕所，空气还不算十分坏，因为是露天的；夜晚一边出恭，一边就可以数天上的星星，也还不怎么寂寞。因为院子南北里窄，所以两间南房是在西尽头，北房的西垛子对着南房的东垛子，于是两间的垛子形成了一座关口似的，下雨的时候，这里的积水最深，非放上板凳不能来往。

这所房，通体的看来，是不宜于下雨的。不但院中可以变作运河，而用板凳当作桥，屋子里也不十分干燥，因为没有一间不漏水的。水最多的当然是那两间南房，原因是自从我能记事的时候起，我就没看见它有过屋顶。这是两间很奇怪的屋子。

院里一共有三棵树：南屋外与北屋前是两株枣树，南墙根是一株杏树。两株枣树是非常值得称赞的，当夏初开花的时候，满院都是香的，甜梭梭的那么香。等到长满了叶，它们还会招来几个叫作"花布手巾"的飞虫，红亮的翅儿，上面印着匀妥的黑斑点，极其俊俏。一入秋，我们便有枣子吃了；一直到叶子落净，在枝头上还发着几个深红的圆珠，在那儿诱惑着老鸦与小姐姐。

那棵杏树简直提不得。我不记得它结过杏子，而永远看见它满身都是黑红的小包包，藏着一些什么虫儿。它的叶子永远卷卷着，多毛的绿虫一躬一躬的来往，教谁都害怕。

母亲爱花，可是自从父亲死后，我们的花草只有减无加；买花自然得用钱，而为每月的水钱也少不得要打一打算盘的，我们只剩下一盆很大的粉红双瓣的夹竹桃，与四棵甜石榴。这五株花的年纪都比小姐姐还大，它们一定是看见过母亲的青春的。年纪大，它们已好似成为家中人口的一部分，每当小姐姐教给我数算家中都有谁的时候，我们必定也数上夹竹桃与甜石榴。所以，我们谁也不肯断绝了它们的清水。再说呢，这种木本的花儿都很容易养，好歹的经一点心，它们便到时候开些花。到冬天，我们把它搬到屋里来，给夹竹桃用旧纸糊一个大风帽，把叶子都套在里面，省得承受一冬的灰土。石榴入冬没有叶子，所以用不着戴纸帽，反之，我们倒教它们作一些简单易作的事情，比如教它们给拿着筷子笼与小笊篱什么的。一冬都无须浇水，我们只在涮茶壶的时候，把残茶连汁带叶的倒在盆里，据说茶叶中是有些养份的。到了"谷雨"左中，菠菜已有三尺来长的时候，我们把它们搬到院中去，到四五月间，我们总有些照眼明的红花。配上墙根的一些野花，屋瓦上一些小草，这个破院子里也多少有一些生气。及至到了中秋节，我们即使没能力到市上买些鲜果子，也会有自家园的红枣与甜石榴点染着节令。

院子的南墙外，是一家香烛店的后院，极大，为的是好晒香。那边的人，我们隔着墙不能看见，只听见一些人声。可是，在墙这边，我们能看见那边的各色的蜀菊花，与一棵大楮树，树上在夏天结满了鲜红的椹子。我们的老白猫，在夜间，总是到那边去招待朋友，它们的呼号是异常的尖锐而不客气，大概猫的交友与谈话是另有一种方法与规矩的，赶到我们呼唤它的时候，十回倒有八回它是由楮树上跳到墙头，而后再由那棵似乎专为给它作梯子用的杏树跳到地上来。在我的小小的想象里，我仿佛觉得老猫是来自个什么神秘的地域，我常幻想着我有朝一日也会随着它到"那边"去探探险。

过了这个香厂子，便是一家澡堂。这更神秘。我那时候，就是欠起脚来也看不见澡堂子的天棚，可是昼夜不绝的听到打辘轳的声音，晚上听得特别的真；呱嗒，呱……没声了，忽然哗——哗——哗啦哗啦……像追赶着什么东西似的。而后，又翻回头来呱嗒，呱嗒。这样响过半天，忽然尖声的一人喊了句什么，我心里准知道辘轳要停住了，感到非常的寂寞与不安。好多晚上的好梦，都是随着这呱嗒的声音而来到的！好多清早的阳光，是与这呱嗒呱嗒一同颤动到我的脑中的。赶到将快过年，辘轳的声音便与吃点好东西的希望一齐加紧起来！每到除夕，炮声与辘轳是彻夜不断的，我们没钱买炮放，压岁钱也只有姑母所给的那几个，清锅冷灶的一点也不热闹，一家大小就那么无从欢喜，也不便于哭的，静静听着辘轳响，响得有点说不出来的悲哀。

我们的胡同是两头细中间宽的。很像地图上两头有活口的一个湖。胡同的圆肚里有我们六户人家，和两棵大槐树。夏天，槐树的叶影遮满了地，连人家的街门都显着有点绿阴阴的。微风过来，树影轻移，悬空的绿槐虫便来回的打着秋千。在这两株大树下面，小姐姐领着我捡槐虫，编槐花，和别家小孩们玩，或吵嘴；我们不知在这里曾消磨过多少光阴，啼笑过多少回。当我呆呆的向上看着树叶的微动，我总以为它们是向我招手，要告诉我些什么怪亲密和善的言语似的。

　　这些个记住不记住都没大要紧的图像，并不是我有意记下来的，现在这么述说也并不费什么心力；它们是自自然然的生活在我的心里，永远那么新鲜清楚——一张旧画可以显着模糊，我这张画的颜色可是仿佛渗在我的血里，永不褪色。

　　因此，我常常有一些几乎是可笑的恐怖：比如说吧，我这个孤儿假若没有这样的一个家庭，或假若我是今天搬到这里明天搬到那里，我想我必不会积存下这些幅可宝贵的图画。私产的应该消灭几乎是个有点头脑的人都能想到，家庭制度的破坏也是一些个思想前进的人所愿主张的。可是据我看，假若私产都是像我们的那所破房与两株枣树，我倒甘心自居一个保守主义者，因为我们所占有的并不帮助我们脱离贫困，可是它给我们的那点安定确乎能使一草一木都活在我们心里，它至少使我自己像一棵宿根的小草，老固定的有个托身的一块儿土。我的一切都由此发生，我的性格是在这里铸成的。假若我是在个最科学化的育婴堂或托儿所长起来的，也许我的身心的发展都能比在家里好上好几倍，可是我很不放心，我是否能有一段幼年的生活，像母亲，小姐姐，和那几株石榴树所给我的。

　　当我旅行去的时候，我看见高山大川和奇花异草，但是这些只是一些景物，伟丽吧，幽秀吧，一过眼便各不相干了，它们的伟丽或幽秀到不了我的心里来，不能和我混成一个。反之，我若是看见个绿槐虫儿，我便马上看见那两株老槐，听见小姐姐的笑声，我不能把这些搁在一旁而还找到一个完整的自己；那是我的家，我生在那里，长在那里，那里的一草一砖都是我的生活标记。是的，我愿有这种私产，这样的家庭；假若你能明白我的意思——恐怕我是没有说得十分清楚——那么也许我不至于被误会了。不幸我到底是被误会了，被称为私产与家庭制度的拥护者，我也不想多去分辩，因为一想起幼年的生活，我的感情便掐住了我的理智，越说便越不近情理，爽性倒是少说的为是吧。

四

我们的街门门楼是用瓦摆成了一些古钱的，到我能记事的时候，可是，那些古钱已然都歪七扭八的，在钱眼里探出些不十分绿的草叶来。每逢雪后，那可怜的小麻雀在白银世界里饿着肚子，便悬在这些草梗上喙取那不丰满的草粒儿。两扇门的破旧是不易形容得恰到好处的；大概的说，它们是瘦透玲珑，像画中的石头那么处处有孔有缝。自然这一点也无碍于我们天天晚上把它们关好，扣上镣吊儿，钎好插关。并且倚上一块大石头；我们的门的观念反正是齐全的。门框上，有许多年也没贴过对联，只在小姐姐出阁的那一年，曾由我亲自写过一副：我自信是写得很好，可惜被母亲把上下联贴颠倒了。左右门垛上的青灰并没有完全脱落，我确乎记得有那么两三块，像石板似的由水夫画满了鸡爪形的记号，好到月底与我们算账；姑母有时候高兴，便顺手把鸡爪擦去一两组，水夫与我们也都不说什么。

门洞只有二尺多宽,每逢下小雨或刮大风,我和小姐姐便在这里玩耍。那块倚门的大石头归我专用,真不记得我在那里唱过多少次"小小子,坐门墩"。影壁是值不得一提的,它终年的老塌倒半截;渐渐的,它的砖也都被拾去另有任用,于是它也就安于矮短,到秋天还长出一两条瓜蔓儿来,像故意耍点俏似的。

长大成人之后,我逛过一次金銮宝殿。那里,红墙接着红墙,大殿对着大殿,处处碰壁,处处齐整,威严倒也威严,可是我很怀疑,皇太子可曾看见过影壁上长出来的瓜蔓。假若他有意和我换换住处,我还真不喜欢那些死板板的院落呢,对着那些红墙,我想,就是比太白还聪明的人也难得写出诗来吧。反之,我们的破房子,处处萧疏洒脱,凡是那些清癯的诗人们所描画的颓垣败瓦,与什么落叶孤灯,在这里是都能领略到的,我们的院里,在夏日晚间,确是有三五萤火与不少蟋蟀的。

至于我们的那几间屋子,不知怎的说起来倒不如院里这些东西有趣。我最熟习的当然是我们住着的那两间。里间是顺檐的一铺大炕,对着炕是一张长大的"连三"。这张桌子上有一对画着"富贵白头"的帽筒,里面并没有什么东西,外面可有不少的铁锯子。桌头摆着个豆青地蓝花的大掸瓶,样式拙重,只装着一把鸡毛掸子,有些大而无当。炕与连三之间,靠着西墙,是一个大木箱,也兼作凳子,当屋中的座位都被占据了的时节,便得有人上这箱子上去,可是无论怎样坐着不能显出很自然的样子,两只红漆小凳是随便放在哪里都可以的,但是每天早上必定在连三的前边,暂时充当洗脸盆架。我不敢说我不喜爱这些东西,和它们陈列的方法,可是我也不十分迷信它们。大概它们最大的缺陷还不是它们本身的恶劣，而是屋中的空隙太小，所以哪样东西都带出点"逼人太甚"的意味，因而我也就感到一些压迫似的。

外间屋就好得多了：北墙根有张八仙桌，桌面的木板是那么不平正，放点什么也不会安妥的立住，所以上面永远是空的。八仙两旁有两把椅子，是榆木擦漆的；冬天，火炉在里间屋内，没人来坐它们；夏天，一遇到反潮，那些漆皮就偷偷的抽敛起来，出着一些颇有胶性的汗味，也就没人敢去牺牲裤子。空的桌，空的椅，永远有种使人敬而远之的威严，于是我对它们就发生了点有相当距离的爱慕。只有春秋不冷不潮的时节，我才敢爬上椅子去，坐那么一会儿，觉得分外的香甜适意。

东墙根是一张佛爷桌，上面供着灶王龛与财神爷，他们分享着一份儿小号的锡烛台，香炉可是一大一小的两个。龛头上的旧佛字被香烟熏的渺茫阴暗，看过去总有些神秘。到新年的时候，便有一只小瓦盆，盛着年饭，饭上摆着几个红枣与一块柿饼；我总是不放心那几个枣子，所以还到不了初五六便都被我偷吃干净；我的肚子，我以为是十分靠得住的地方。佛桌下面横搭着一块板，托着很厚的尘土。尘土，在器物上，是多少有点可怕的，所以我很久就想动一动板子上的东西，可是许多次手到那里又缩了回来。最后，我攒足了胆量去探险，我在那里发现了三本《三侠五义》与好几本《五虎平西》。前者的纸很绵软，字儿很小而秀气，而且有一本全是小人儿。后者极不体面，纸黄，本子小，字儿大而模糊。我把那有小人儿的一本当作了宝贝。姑母虽不识字，可是据说姑父在世的时候是个唱戏的，所以姑母懂得许多戏文,许多故事,闲着的时候也喜欢去听大鼓书词和评讲《包公案》什么的,并且还能评判好坏,因为姑父是地道内行的戏子呀。她看了看那本书,告诉了我哪个是包公,哪个是老陈琳,于是我就开始明白:除了我所认识的人以外,还有些人是生长在书里的。

佛爷桌的对面是一口大缸,缸上横着一块长石板儿,放着个小瓦罐。我看不见缸里的水,可是我会把嘴张在石板儿的一头下,等着一滴滴的水落在我的口中。在夏天,什么地方都是烫手的热,只有这口缸老那么冰凉的,而且在缸肚儿以下出着一层凉汗,摸一摸好像摸到一条鱼似的,又凉又湿。

总之,外间屋是空灵静肃的。每天早上初次由里间走出来,我总感到一些畅快;虽然里外间只是一帘之隔,可是分明的有两样空气与情景。晚饭后,还不到点灯的时候,佛龛前便先有六个安静的火星儿,徐徐的冒着些香烟。灶王与财神是每天享受三炷香的。不过,有时候我只看见一炷香孤立在炉中,我便知道母亲的袋中又没了钱,而分外的老实一些,免得惹她生气。自然,还有时候连一炷香也没有,神们和人们就都静默无言,很早的都睡了觉。

我不常到姑母的屋中去。一来是她白天不常在家,二来是她好闹脾气;所以除非她喊我进去,我是不便自动的跑去讨厌的。况且我还不喜爱那间屋子呢。姑母屋中有我们那么多的东西;不,恐怕是比我们的东西还多呢,比如说,她的大镜子与茶叶罐,便是我们所没有的。母亲与小姐姐梳头,只用一面很小的镜子,每次都会把鼻子照歪了的。姑母的这么些东西都放在一间屋子里,无疑的是彼此挤着,压着,好像谁也喘不出来气。在这里，我觉得憋得慌。还有呢，姑母若是急于出去听鼓书或摸索儿胡，便不顾得收拾房间，盆朝天碗朝地的都那么撂着。母亲不喜爱这项办法，所以小姐姐与我也就不以为然。更使我们看不上眼的，是姑母独自喝茶的时候，总是口对壶嘴，闭住气往下灌。到有客来的时候，她才陪着用一次茶杯。我们很自幸不是她的客人，永远不喝她的茶；我们也暗中为客人们叫苦，可是无法给他们点警告。

　　脆快的说吧，我对这间屋子的印像欠佳。自然，若是有人强迫着我报告那里都有什么东西，我是不会失败的。不过，我真不愿去细想，因为东西和人一样，一想起便头疼的总是关闭在心中好；过于直爽的人，我看，是不会作诗的。

　　关二大妈的那两间东屋没有隔断，一拉门便看见屋中的一切，那铺大炕是那么大，好像是无边无岸的，以至于使我想到有朝一日它会再大起来，而把一切的东西都吞并下去。这可也并不很难实现，因为屋中是那么简单，简直没有什么东西可以阻住大炕的野心的。

　　东西虽然不多，可是屋中，在夏天，非常的热；窄长的院子的阳光与热气仿佛都灌到此处来。关二大妈在屋中老是光着脊背，露着两个极大而会颤动的乳。她的身上，与母亲的大不相同，简直的找不到筋骨，而处处都是肉，我最喜爱用手摸她的脊背，那么柔软，那么凉滑。因而我常劝告母亲也学着点关二大妈。把肉多往外长一长。母亲不说什么，只不像笑的那么笑一下。

　　关二大妈的可爱战胜了那两间屋子的可憎。我一天倒在那里玩耍半天。我嚷我闹，她都听不见；她总夸奖我老实安稳。有时候我张开大嘴去喊。故意的试试她讨厌我否，我失败了。她便顺手数数我的牙有多少。然后称赞我的牙个个都可爱。当她后来搬走了的时候，我在梦中都哭醒过好几次，口口声声的要二大妈。白天，我偷偷的跑到那空屋去，念念叨叨的："二大妈，给你菠菜，你包饺子吧！"我想象着她坐在炕沿上，向我点头，向我笑；可是我摸不到她的胖手了。急得无法，我便到院中拾一两朵落花，给她送去。因为她是极喜欢戴花的，不管是什么不合体统的花，她总是有机会便往头上插的。落花送到炕沿上，没有那与笑意一同伸出来的手。关二大妈！我绕着墙根儿叫遍，没有任何动静！

有母亲，没父亲；有姑母，没姑父；有关二大妈，没关二大爷：合着我们院中的妇人都是寡妇。所以，我那时候以为这是理当如此的，而看那有父亲的小孩倒有点奇怪。用不着说，我久而久之也有点近乎女性的倾向，对于一切的事都要像妇女们那样细心的管理，安排。而且因此对于那不大会或不大爱管家事的妇女，不管她是怎样的有思想，怎样的有学问，我总是不大看得起的。自然，我决不会帮助谁去喊："妇女们回到厨房里去！"可是我知道，我也不会帮着谁去喊："妇女们，上戏馆子去！"

现在该说那两间破南屋了：有炕的那一间，是完全没有屋顶的。据说，当年我祖母的寿材就放在那里；自然那时候屋顶是还存在一些的。当我大姐姐十六岁的时候，有人来相看她，而且留下一对戒指，她就藏在棺材后面蹲了一天，谁叫她，她也不肯应声，更不用说是出来了。到了晚间，她的眼泪大概已经洒完，而腹中怪空虚，才给了母亲个面子，回到北屋吃了两碗茶泡饭。有这段历史的屋子，后来，只剩了半截儿炕，炕上长着很足壮的青草。没有炕的那一间的屋顶还留着个大概，里在放着一块满是尘土的案子，案子上横七竖八的堆着一些无用的东西。当我的腿一会迈步的时候，我就想到这里去检阅一下，看看有没有好玩的物件。这间屋子破得既可怜，又可怕，我的怜悯与好奇凝成一股勇气，时时催促着我到里面看看。

那是在何年何月？可惜我已记不甚清了。我到底是钻进了那间可怕的屋子里去。按说，这个年月是绝不应忘记的，因为这是值得大书而特书的——我在那里发现了些玩具。我是怎样的贫苦？不大容易说，我只能告诉你：我没有过任何的玩具！当母亲拆洗棉被的时候，我扯下一小块棉花；当家里偶尔吃顿白面的时候，我要求给我一点：揉好了的面，这就是我的玩艺儿。我能把那点棉花或面块翻来覆去的揉搓，捏成我以为形态很正确的小鸡小鱼，与各样的东西。直到我进到这间破屋子里，我才有了真正的玩具：我得到十几个捏泥饽饽的模子，和几个染好颜色的羊拐子。也许是哥哥学徒去的时候，把它们藏在了那里吧？不去管吧，反正我有了好玩的东西，我的生命骤然的阔绰起来！我请求小姐姐给缝了个小布袋，装上那几个羊拐；至于那些模子，便收藏在佛爷桌底下，托灶王爷与灶王奶奶给我看守着；连这么着，我还要一天去看几十遍。到了春天，调一点黄泥，我造出不少的泥饽饽来，强迫着小姐姐收买；她的钱便是些破磁器儿。我等到我把货都卖净，便把磁瓦儿再交回小姐姐，教她从新再买一次或几次。

载《方舟》1937年8月第三十九期